행정사 실무를 위한 전기용품 및 생활용품 안전관리법과 제도

목 차

I. 서론 ··· 1

II. 전기용품 및 생활용품 안전관리제도란? ··· 5
  1. 전기용품 및 생활용품 안전관리제도의 이해 ································ 6
  2. 전기용품 및 생활용품 안전관리제도의 적용물품 ························ 8
  3. 전기용품 및 생활용품 안전관리제도의 흐름 ······························ 23
  4. 전기용품 및 생활용품 안전관리제도의 신청 절차 ···················· 25
  5. 전기용품 및 생활용품 안전관리제도의 의무사항 ······················ 29
  6. 관련 법령 등 ·· 33

III. 전기용품 및 생활용품 안전관리제도 혜택 ···································· 52
  1. 기업 내 효과 ·· 53
  2. 국민에게 주는 혜택 ·· 54
  3. 실질적 효과 ·· 54

IV. 전기용품 및 생활용품 안전관리제도와 유사한 제도 ··················· 55
  1. KS 인증제도 ··· 56
  2. K마크 ··· 59

V. 전기용품 및 생활용품 안전관리제도 Q&A ··· 61
1. Q&A ··· 62
2. 용어 정리 ··· 67
3. 사례 모음 ··· 70

VI. OX퀴즈 ··· 71

VII. 결론 ··· 74

I. 서론

우리나라는 헌법 124조 상 "건전한 소비행위를 계도하고 생산품의 품질향상을 촉구하기 위한 소비자보호운동을 법률이 정하는 바에 의하여 보장한다."라고 명시하고 있으며, 소비자의 권리와 책무, 국가·지방자치단체 및 사업자의 책무, 소비자단체의 역할 등을 규정하는 『소비자기본법』을 통해 소비자의 안전을 보호하기 위한 세부적인 사항을 법률화하였다. 『소비자기본법』은 소비자의 기본 권리로 "물품 또는 용역으로부터 생명, 신체 또는 재산에 대한 위해로부터 보호받을 권리"를 명시하고 있다. 또한 제품안전과 관련하여 『전기용품 및 생활용품 안전관리법』, 『어린이제품 안전특별법』, 『제품안전기본법』과 같은 법을 운영하며, 특정 제품군 또는 제품의 시장 내 유통 전과 후에 따라 구분하여 관리하고 있다. 이러한 국내 제품안전관리 시스템은 일반적으로 소비자 제품이 시장에 출하하기 전 관계 법령에 따라 제품의 안전성을 사전에 확인한 후 시장 내 유통시키는 사전적 규제수단과 제품의 사용, 소비과정에서 안전성 결여 등의 문제가 발생 시 소비자에게 발생한 손해를 제조사가 배상하게 하는 사후적 규제로 구분할 수 있다. 시장 출시 전후로 구분되어 운영되는 제품안전관리 시스템에 대한 개요도는 아래와 같다.

국가기술표준원 홈페이지

이 중 사전적 규제는 관계 법령(전기용품 및 생활용품 안전관리법, 어린이제품 안전특별법)에 따라 안전인증, 안전확인, 공급자적합성, 안전기준준수 등의 형태로 그 안전성에 대해 인증하는 방식으로 운영하고 있다. 여기서 사용되는 "인증"이란 제품이나 공정, 서비스의 적합성에 대하여 제삼자가 시험, 검사 등의 방법을 통하여 그 유효성을 확인하는 행위로 소비자의 경우 인증 절차를 거친 제품에 대하여 안전과 품질에 대한 신뢰를 높일 수 있는 역할을 하고 있다.

현재 우리나라에서는 전기용품 및 생활용품의 안전 확보를 위하여 전기용품 184개 품목과 생활용품 66개 품목을 대상으로 해당 제품의 위해 정도에 따라 안전인증, 안전확인, 공급자적합성확인, 안전기준준수의 4가지 단계로 구분하여 관리하고 있으며, 이에 해당하는 각 인증제도 단계별 대상 용품은 다음과 같다.

제품 안전 인증제도 단계	전기용품	생활용품
안전인증대상	전선, 스위치, 등 39개 품목	자동차용재생타이어 등 5개 품목
안전확인대상	전기기기용제어소자, 절연변압기 등 70개 품목	등산용로프, 스포츠용 구명복 등 23개 품목
공급자적합성확인대상	전기기기 (전기시계등), 오디오/비디오 응용기기 등 75개 품목	폴리염화비닐관, 자동차용 휴대용 잭 등 15개 품목
안전기준준수대상	해당사항 없음	가정용섬유제품 등 23개 품목

제품안전인증제도 단계 별 대상 용품

특히 안전인증대상, 안전확인대상, 공급자적합성확인대상 제품의 경우 국가통합인증마크인 KC 인증마크를 부여하여 운영하고 있다. 인증마크는 '정부나 공신력 있는 기관이 일정한 기준에 따라 제품의 품질을 검사하여 그 우수성을 인정해주는 마크'로 정보를 명확하고 함축적으로 소비자에게 제공함으로써 소비자의 신뢰를 높이는 역할을 한다. 해당 제품군에 KC인증마크를 부착하기 위해서 제조업체는 제품에 대한 시험분석 등의 사전적인 절차를 수행해야 하며, 이를 통하여 제품의 품질 및 안전성에 대해 정부가 공인한다는 의미로 인증마크를 부여하고 있다. 소비자는 KC인증마크를 통해 해당 제품을 신뢰하고 구매하고 있다.

우리나라에서 운영되는 인증제도는 민간인증과 법정인증을 모두 포함해 총 158개가 있는데 똑같은 목적이더라도, 각 부서마다 인증마크가 각기 달라서 중복해서 인증을 받아야 되는 불편함이 있다. 그러다 보니 비용과 시간이 낭비되는 것은 물론이며, 국가 간에 거래하는 데에 있어 상호 인증이 안돼서 재인증을 받아야 하는 등 국가경쟁력 저하와 국부 유출의 문제를 야기한다. 그리하여 KC마크(Korea certification)는 환경부·지식

경제부·노동부·소방방재청·방송통신위원회 등 5개 부서에서 각각이 부여하던 13개의 법정인증마크 (공산품 안전인증마크, 어린이보호포장, 정보통신기기 인증, 에너지소비효율등급, 품질검사필증 물 마크, 안전인증, 가스용품, 계량기 검정마크, 소방용품 검정마크, 자율안전확인 마크, 승강기 인증 마크, 전기안전인증마크, 고압가스용기)를 통합해 2009년 7월 1일부터 통합시킨 국가통합인증마크다. 각 부서별 인증기관이 번거로움을 없애고 국가 경쟁력 증진을 위해서 이전까지 사용되던 품질·보건·환경·안전 등의 법정 강제인증제도를 통합한 것이다. 이러한 제품안전인증제도 단계 별 진행 절차 및 KC인증마크 부여 여부에 대한 개요는 다음과 같다.

제품안전 관리제도 단계	KC마크	진행절차		
		제품시험	공장심사	인증/신고
안전인증 대상	부여	√	√	인증
안전확인 대상	부여	√	-	신고
공급자적합성대상	부여	√	-	-
안전기준 준수대상	미부여	의무 없음	-	-

특히 제품 시험의 경우 해당 제품의 안전성을 확인하기 위한 사항을 중심으로 이루어져 있는데, 예를 들어 생활용품안전인증대상 제품인 가스라이터의 경우 불꽃 높이의 적정성, 일정온도를 일정시간 이상 견딜 수 있는지 여부, 내부압력시험, 낙하 시 가스 유출 여부 파악, 연속 연소하였을 경우의 안전성 확보여부, 외형적으로 소비자에게 상해를 끼칠 수 있는 날카로움 및 표면의 홈이 없어야 하는 등 안전과 관련하여 발생할 수 있는 문제를 사전에 차단하기 위한 다양한 안전 관련 규정을 운영하고 있다.

그리고 본서에는 이러한 제품안전관리시스템 중 전기용품 및 생활용품 안전관리법과 제도에 대해 살펴보고자 한다.

II. 전기용품 및 생활용품 안전관리제도란?

1. 전기용품 및 생활용품 안전관리제도의 이해

(1) 전기용품 및 생활용품 안전관리제도의 정의

산업안전보건법에 의거한 안전인증제도는 산업안전보건법에서 정의하는 대상품목에 관하여 제조 단계에서 안전측면에서의 성능을 검증하는 제도이다. 프레스, 금형 등 제품을 수입하거나 제조하는 자는 인증기관으로부터 단계별로 심사를 받아 기준에 적합하다고 인정받는 경우 안전인증을 취득하게 된다. 또한, 산업안전보건법에서 쓰여진 안전인증 대상품목에 해당되지 않는 산업기계 및 부품에 관하여 제조자가 안전측면에서의 성능에 대하여 인증을 할 경우 임의안전인증마크인 안전인증을 받을 수 있다. 또한, 자율안전 확인 신고는 안전인증의 방법이라고 할 수 있다[1]

〈전기용품 및 생활용품 안전관리법〉은 전기용품의 사용 및 제조판매에 대한 사항을 규제하여 불량 전기용품으로 인한 위해 발생을 방지하는 것을 목적으로 1974년 1월 4일에 〈전기용품안전관리법〉으로 제정된 이후 여러 차례 개정을 거듭하다가 2016년 1월 27일 〈품질경영 및 공산품안전관리법〉과 통합되면서 〈전기용품 및 생활용품 안전관리법〉으로 전부 개정되었다.

여기서 전기용품이란 전기사업법에 의거한 전기설비의 구성부분이거나 전기설비에 접속해서 사용되는 재료·기구·기계 또는 그 부속품이나 부분품을 말하고 안전인증은 제5조 제1항의 안전인증대상 전기용품의 제조업자가 판매를 위해서 조립·생산 또는 가공한 전기용품을 시험하고 설비·검사·제조 등 생산체계를 평가하여 전기용품의 안전성에 대해 인증한 것을 말한다. 안전인증대상전기용품은 사용방법·구조 등으로 인하여 감전·화재 등의 위해가 발생할 우려가 큰 전기용품으로써 산업자원부령이 정한 것을 말한다.

(2) 주관기관

전기용품 및 생활용품 안전인증제도의 주관기관은 7개의 민간 안전인증기관(한국기계전기전자시험연구원, 한국 산업기술 시험원, 한국의류시험연구원, 한국화학융합시험연구원, FITI시험연구원, 한국건설생활시험연구원, KOTITI시험연구원)에서 제품 시험을 통해 인증서를 발급할 수 있다.

---

[1] [출처] 학술자료_전기 및 생활용품 안전인증제도의개선방안에 대한 연구

(3) 전기용품 및 생활용품 안전관리법

1) 안전인증 제도

안전인증대상 생활용품의 제조업자 또는 수입업자가 출고 전 또는 통관 전에 모델별로 안전인증기관으로부터 안전인증(제품검사와 공장심사를 하여 생활용품에 대한 안전성을 증명하는 것)을 받아야 하는 제도이다.

2) 안전확인 제도

안전확인대상 생활용품의 제조업자 또는 수입업자가 출고 또는 통관 전에 생활용품의 모델별로 지정된 시험·검사기관으로부터 안전성에 대한 시험·검사를 받아 생활용품의 안전기준에 적합한 것임을 스스로 확인한 후 이를 안전인증기관에 신고하는 제도이다.

3) 공급자적합성확인

공급자적합성확인대상 생활용품의 제조업자 또는 수입업자는 산업통상자원부장관이 정하여 고시하는 안전기준에 적합한 공급자적합성확인대상 생활용품에 해당 생활용품의 안전 및 품질에 관한 표시를 하여야 하는 제도이다.

4) 안전기준준수

안전기준준수대상 생활용품의 제조업자 또는 수입업자가 안전성 검증을 위한 제품시험 의무없이 안전기준에 적합한 제품을 제조 또는 수입하는 제도이다.

2. 전기용품 및 생활용품 안전관리제도의 적용물품[2]

(1) 대상품목

전기용품 및 생활용품 안전인증제도의 적용대상품목은 안전인증은 11개의 대분류 35품목, 자율안전확인신고는 11개의 대분류 62품목, 공급자 적합성 확인은 11개의 대분류 73품목이 있다.

(절연전선, 케이블, 코드류, 용접용 케이블, 일반스위치, 코드스위치, 전자개폐기, X, Y캐패시터, 전원필터, 형광등용 캐패시터, 상호연결커플러, 플러그, 콘센트, 어댑터, 인터록, 소형퓨즈, 온도퓨즈, 누전차단기, 전압조정기, 가정용 소형변압기, 교류어댑터, 진공청소기, 전기다리미, 전기면도기, 전자레인지, 전기드릴, 전기드라이버, 전 라인더, 전기햄머, 텔레비전수상기, 비디오테이프플레이어, 튜너, 모니터, 프린터, 스캐너, 개인조명컴퓨터, 형광램프용 글로우 스타터, 램프홀더, 백열전구 등)

※ 안전기준 적용시한 공급되는 교류전원이 50V 이상 1,000V 이하에서 사용되는 전기용품

(2) 적용물품

분류	품 목	세부품목
1. 전선 및 전원코드	전선, 케이블 및 코드류	① 절연전선(공칭단면적이 95mm2 이하인 것에 한정한다) ② 케이블(공칭단면적이 95mm2 이하인 것에 한정한다) ③ 코드(공칭단면적이 0.5mm2 이상 6mm2 이하인 것에 한정한다) ④ 코드세트
	비고: 교류전압을 사용하는 제품에 한정하며, 통신 및 데이터 전송을 목적으로만 사용하는 것은 제외한다.	
2. 전기기기용 스위치	가. 스위치	① 전기기기용 스위치(정격전압 480V이하, 정격전류가 30A 이하인 것에 한정한다) ② 전기설비용 스위치[교류전용 수동식 범용스위치로 정격

---

[2] [출처] KTL 한국산업기술시험원

분류	품 목	세부품목
		전압 440V 이하, 정격전류 63A(나사 없는 단자가 달린 스위치의 정격전류는 16A) 이하인 것에 한정한다] ③ 코드스위치(코드선에 연결되어 사용되는 스위치로서 250V 이하, 16A 이하인 것에 한정한다) ④ 전자식 스위치(정격전압 250V이하, 정격전류가 16A 이하인 것에 한정한다) ⑤ 리모트콘트롤스위치(정격전압 440V 이하, 정격전류 63A 이하인 것에 한정한다) ⑥ 시간지연스위치(정격전압 440V 이하, 정격전류 63A 이하인 것에 한정한다) ⑦ 조광기(정격전압 250V이하, 정격전류가 16A 이하인 것에 한정한다) ⑧ 제어회로용 스위치(정격전압 480V이하, 정격전류가 30A 이하인 것에 한정한다)
	나. 전자개폐기	① 전자개폐기(정격전류가 300A 이하인 것에 한정한다)
	비고: 교류전압을 사용하는 제품에 한정하며, 기계·기구에 부착되는 특수구조인 것 및 방폭형인 것은 제외한다.	
3. 전원용 커패시터 및 전원필터	커패시터 및 전원필터	① X·Y 커패시터(도체간의 전압이 500V 이하이거나 도체와 접지간의 전압이 250V 이하인 것 또는 저항 커패시터가 조합되어 결합되어진 것으로 등가회로의 직렬저항값이 1㏀ 이하인 것에 한정한다) ② 전파장해억제용 전원필터(도체간 공칭전압이 500V 또는 도체와 접지간의 공칭전압이 250V 이하인 것에 한정한다) ③ 형광등용 커패시터(용량이 0.1μF 이상이고 무효전력이 2.5kvar 이하인 형광등용인 것에 한정한다)
	비고: 100㎐ 이하인 것만 해당한다.	
4. 전기설	전기설비용 부속품 및 연결부품	① 전기기기용접속기류(전원분배기 포함) ② 상호연결커플러(전기기기 또는 그 밖의 전기장치와 전원용 코드를 접속하기 위한 것으로 정격전압 250V 이하,

분류	품 목	세부품목
비용 부속품 및 연결부품		정격전류 16A 이하의 접지극이 있거나 접지극이 없는 것에 한정한다) ③ 플러그 및 콘센트 [교류 전용 플러그와 콘센트 또는 이동형 콘센트로 정격전류가 32A(나사 없는 단자 고정형 콘센트의 정격전류는 20A) 이하인 접지핀을 장착한 것 또는 접지극이 없는 것으로서 옥내용 또는 옥외용으로 사용되는 것에 한정한다] ④ 케이블릴(단상 정격전압 250V 정격전류 16A 이하, 삼상 정격전압 440V 정격전류 16A 이하인 것에 한정한다)
	비고: 방폭형(防爆型)인 것은 제외한다.	
5. 전기용품 보호용부품	가. 퓨즈	① 퓨즈(정격전류가 20mA 이상 10A 이하인 것으로 소형 퓨즈인 것에 한정한다) ② 온도퓨즈(동작온도가 80 ℃ 초과 280 ℃ 이하인 것에 한정한다)
	나. 차단기	① 기기보호용 차단기(정격전류가 125A 이하인 것에 한정한다) ② 배선용차단기(정격전류가 300A 이하인 것에 한정한다) ③ 누전차단기(정격전류가 300A 이하인 것으로 누전보호전용 또는 누전·과부하보호·단락겸용보호 겸용인 것에 한정한다)
	비고: 교류전압을 사용하는 제품에 한정한다.	
6. 절연변압기	변압기 및 전압조정기	① 전압조정기 ② 가정용 소형변압기 ③ 교류어댑터
	비고: 정격용량 5kVA 이하인 것만 해당되며, 기계기구에 부착되는 특수구조인 것은 제외한다.	

분류	품 목	세부품목
7. 전기기기	가. 전기청소기	① 진공청소기 ② 물흡입청소기 ③ 전기바닥청소기 ④ 전기표면세척기 ⑤ 스팀청소기 ⑥ 스팀해빙기 ⑦ 고압세척기(정격입력 3kW 이하인 것에 한정한다)
		비고: 교류전원 30V 이하, 직류전원 42V 이하에서 사용하는 것을 포함하며, 이 경우 공급자적합성확인 대상으로 한다.
	나. 전기다리미 및 전기프레스기	① 전기다리미 ② 스팀다리미 ③ 바지 프레스기 ④ 주름펴기 ⑤ 다림질 프레스
7. 전기기기	다. 주방용 전열기구	① 전기레인지 ② 전기오븐기기 ③ 전기거치식그릴 ④ 전기호브 ⑤ 전기곤로 ⑥ 전기가열기 ⑦ 전기토스터 ⑧ 전기프라이팬 ⑨ 전기휴대형그릴 ⑩ 전기고기구이기 ⑪ 와플기기 ⑫ 핫플레이트
	라. 전기세탁기 및	① 전기세탁기 ② 전기탈수기

분류	품 목	세부품목
7. 전기기기	탈수기	
	마. 모발관리기	① 모발건조기 ② 전기머리인두 ③ 모발말개
	바. 전기보온기 및 전기온장고	① 전기보온기 ② 전기주온기 ③ 전기온장고
		비고: 음식이나 그릇류 등을 보온하는 기능을 가진 것을 말한다
	사. 교류전원을 사용하는 주방용 전동 기기	① 주서 ② 주서믹서기 ③ 후드믹서 ④ 전기녹즙기 ⑤ 크림거품기 ⑥ 계란반죽기 ⑦ 혼합기 ⑧ 버터제조기 ⑨ 압즙기 ⑩ 슬라이스기 ⑪ 전기칼갈이 ⑫ 전기깡통따개 ⑬ 전기칼 ⑭ 커피분쇄기 ⑮ 빙삭기 ⑯ 전기고기갈개 ⑰ 전기국수제조기 ⑱ 전기육절기 ⑲ 전기골절기 ⑳ 기타주방용전동기기
	아. 전기액체 가	① 전기밥솥

분류	품목	세부품목
7. 전기기기	열기기	② 전기보온밥솥 ③ 전기주전자 ④ 전기냄비 ⑤ 전기물끓이기 ⑥ 전기약탕기 ⑦ 커피메이커 ⑧ 전기스팀쿠커 ⑨ 달걀조리기 ⑩ 우유가열기 ⑪ 젖병가열기 ⑫ 요구르트제조기 ⑬ 증기조리기 등 기타 액체가열기기
	자. 전기담요 및 매트, 전기침대	① 전기요 ② 전기매트 ③ 전기카펫 ④ 전기장판 ⑤ 전기침대
		비고: 교류전원 30V 이하, 직류전원 42V 이하에서 사용하는 것을 포함한다.
	차. 교류전원을 사용하는 전기찜질기, 교류전원을 사용하는 발보온기	① 전기방석 ② 전기찜질기 ③ 발보온기
		비고: 교류전원 30V 이하에서 사용하는 것을 포함한다.
	카. 전기온수기	① 전기온수기(끓는 점 이하의 온도로 유지하는 것을 말한다) ② 순간온수기
	타. 전기냉장·냉동기기	① 전기냉장·냉동기기 ② 제빙기 ③ 아이스크림프리저

분류	품 목	세부품목
7. 전기기기		④ 전기냉수기
		비고: 정격입력이 1.5kW 이하인 것에 한정한다. 다만 제빙기는 3kW 이하인 것에 한정한다.
	파. 전자레인지	① 전자레인지(300MHz ~ 30GHz 대역의 주파수를 사용하는 것을 말한다)
	하. 전기충전기	① 전기충전기
		비고: 교류전원 250V 이하에서 사용 하는 제품에 한정한다.
	거. 전기건조기	① 회전형 전기건조기 ② 손건조기 ③ 전기건조기
		비고: 손, 발, 의류, 농산물, 수산물 등을 건조하는 것에 한정한다.
	너. 전열기구	① 전기스토브 ② 전열보드 ③ 전기라디에이터 ④ 전기온풍기 ⑤ 축열식 전기난방기 ⑥ 전구모양 히터 ⑦ 펠릿 스토브 (전열소자를 이용하여 점화 한정)
	더. 전기 마사지기	① 전기마사지기
	러. 냉방기	① 냉방기
	머. 유체펌프	① 유체펌프 ② 전기온수펌프

분류	품 목	세부품목
7. 전기기기		비고: 여과 기능이 내장된 펌프를 포함하며, 사용액체의 온도가 90℃ 이하인 것만 해당되며, 진공펌프, 오일펌프, 샌드펌프 및 기계기구에 부착되는 특수구조인 것은 제외한다.
	버. 전기 가열기기	① 납땜인두 ② 납땜제거인두 ③ 권총형납땜기 ④ 열가소성도관용접기 ⑤ 필름접착기 ⑥ 플라스틱절단기 ⑦ 페인트제거기 ⑧ 가열총 ⑨ 전기조각기
	서. 교류전원을 사용하는 전격살충기	① 전격살충기
		비고: 교류전원 30V 이하에서 사용하는 것을 포함한다.
	어. 전기욕조	① 소용돌이욕조(독립적으로 사용가능한 욕조기포발생기를 포함한다) ② 반신·전신욕조 ③ 발욕조
	저. 팬, 레인지후드	① 선풍기 ② 송풍기 ③ 환풍기 ④ 레인지후드 ⑤ 전기냉풍기
		비고: 정격입력이 1kW 이하인 것에 한정한다.

분류	품 목	세부품목
	처. 화장실용 전기기기	① 자동세정건조식변기 ② 전기변좌 ③ 오물흡입기
	커. 가습기	① 가습기
	터. 그 밖에 가목부터 커목까지의 기기와 유사한 기기	
	비고: 정격입력이 10kW 이하인 것만 해당하며, 방폭형(防爆型)인 것은 제외한다.	
8. 전동공구	교류전원을 사용하는 전동공구	① 전기드릴 ② 전기드라이버 ③ 전기그라인다 ④ 포리셔 ⑤ 전기샌더 ⑥ 전기원형톱 ⑦ 전기햄머 ⑧ 전기금속가위 ⑨ 전기테이퍼 ⑩ 전기왕복톱 ⑪ 전기진동기 ⑫ 전기체인톱 ⑬ 전기대패 ⑭ 전기잔디깎이 ⑮ 전기못총 ⑯ 라우터 ⑰ 트리밍기 등 기타 전동공구
	비고: 정격입력이 1.5kW 이하인 것만 해당된다.	
9. 오디오·비디오·	대상 없음	
10. 정보·통신·사무기기	가. 직류전원장치	① 직류전원장치 ② 휴대전화 배터리 충전기(충전 거치대를 포함한다)

분류	품 목	세부품목
		비고: 정격용량이 1kVA 이하인 것에 한정한다.
	나. 그 밖에 가목의 기기와 유사한 기기	
	비고: 기계·기구류에 부착되는 특수구조인 것은 제외한다.	
11. 조명기기	가. 램프홀더	① 형광램프 홀더 ② 에디슨 나사형 홀더 ③ 기타 램프 홀더 ④ 형광등용 스타터 홀더
	나. 일반조명기구	① 형광등기구 ② PLS조명기구 ③ 백열등기구·전기스탠드(전자회로가 있는 구조의 것) ④ LED등기구 ⑤ 할로겐등기구(전자회로가 있는 구조의 것으로 램프당 150W 이하인 것에 한정함) ⑥ 고압방전등기구(램프당 150W 이하인 것에 한정함) ⑦ 투광조명기구(구동장치가 있는 구조로 램프당 150W이하인 것에 한정함)
	다. 안정기 및 램프 제어장치	① 램프용 자기식안정기(정격입력이 1,000W 이하인 것을 한정한다) ② 램프용 전자식안정기(정격입력이 1,000W 이하인 것을 한정한다) ③ 네온변압기 ④ 조명기구용컨버터(LED 전원공급장치포함)
	라. 안정기 내장형램프	① 안정기내장형램프(LED용 포함)

비고:
1. 차량, 철도, 선박 및 항공기 등에 설치된 전용구조의 것은 안전인증대상전기용품은 제외한다. 다만, 가정, 사무실, 농장, 경공업 및 상업용 등 이와 유사한 장소에서 사용할 수

분류	품 목	세부품목
있는 구조의 것은 안전인증대상전기용품으로 한다.		
2. 1차 전지(건전지) 및 2차 전지(충전지)만을 전원으로 사용하는 구조의 것은 안전인증대상 전기용품에서 제외한다.		

(3) 생활용품 (77개 품목)[3]

구분	분야	안전관리대상 품목
안전인증	화학	• 자동차용 재생타이어(트레드고무를 포함)
	금속	• 가정용 압력냄비 및 압력솥
	생활용품	• 가스라이터 • 물놀이기구 • 비비탄 총
	기계	• 「승강기시설 안전관리법」 제2조제1호에 따른 승강기 부품 • 조속기(調速機) • 비상 정지장치 • 완충기 • 상승과속 방지장치용 브레이크 • 승강장 문 잠금장치 • 에스컬레이터용 역주행 방지장치
안전확인	섬유	• 등산용 로프 • 스포츠용 구명복
	화학	• 건전지 • 자동차용 브레이크액 • 자동차용 타이어
	기계	〈생활제품 기계〉 • 빙삭기 • 휴대용 예초기의 날 및 보호덮개 〈승강기 부품〉 •「승강기시설 안전관리법」 제2조제1호에 따른 승강기 부품 • 럽쳐밸브 • 에스컬레이터용 스텝 • 에스컬레이터용 스텝체인 • 에스컬레이터용 전자브레이크 • 안전회로기판

---

[3] [출처] 산업통상자원부 국가기술표준원_전기용품 및 생활용품 안전관리법을 위한 가이드라인

	토건	• 미끄럼 방지 타일 • 실내용 바닥재
	생활용품	• 고령자용 보행보조차 • 고령자용 보행차 •디지털도어록 • 롤러스포츠 보호장구 • 스노보드 • 스케이트보드 • 스키용구 • 이륜자전거 • 헬스기구 • 휴대용 레이저용품 • 승차용 안전모 • 운동용 안전모 • 온열팩 • 수유패드 • 기름난로
공급자 적합성확인	화학	• 폴리염화비닐관(연질염화비닐호스를 포함)
	생활	• 롤러스케이트 • 바퀴 달린 운동화 • 모터 달린 보드 •창문 블라인드 • 쌍꺼풀용 테이프 • 속눈썹 열 성형기 • 가(假) 속눈썹 • 쇼핑카트 • 휴대용 사다리 • 인라인롤러스케이트 • 킥보드 • 가구 일부(높이 762mm 이상의 가정용 서랍장/사무용 파일링 캐비넷)
	기계금속	• 자동차용 휴대용 잭
	건축	• 물탱크
안전기준 준수대상	화학	• 가죽제품 • 화장비누
	생활	• 가구(높이 762mm 이상의 가정용 서랍장/사무용 파일링 캐비넷은 제외) • 간이 빨래걸이 • 선글라스 • 안경테

		・텐트 ・고령자용 신발 ・고령자용 지팡이 ・고령자용 휠체어테이블 ・고령자용 목욕의자 ・고령자 위치추적기 ・물안경 ・반사 안전조끼 ・스테인레스 수세미 ・시각장애인용 지팡이 ・침대 매트리스 ・우산 및 양산 ・휴대용 경보기 ・접촉성 금속 장신구 ・벽지 및 종이장판지(인테리어 필름을 포함)
	섬유	・가정용 섬유제품 ・양탄자
안전확인	전자기기	・구강청결기 ・해충퇴치기 ・전기집진기 ・서비스기기 ・전기에어커튼 ・팬코일유닛(fan coil unit) ・폐열 회수 환기장치 ・게임기구 ・식기세척기 및 식기건조기 ・전기훈증기 ・수도 동결 방지기 ・산소이온발생기 ・전기정수기 ・전기세척기 ・전기헬스기구 ・전기차충전기(정격용량이 100kVA 이하인 것만 해당) ・에너지 저장장치(정격용량이 100kVAh 이하인 것만 해당) ・가정용 전동재봉기 ・사우나기기 ・관상 및 애완용 전기기기 ・기포발생기기 ・교류전원을 사용하는 공기청정기 ・전기분무기 ・물수건 마는 기기 및 포장기기 ・직류전원을 사용하는 주방용 전동기기 ・직류전원을 사용하는 전기찜질기 및 직류전원을 사용하는 발 보온기 ・직류전원을 사용하는 전격 살충기 ・자동판매기 ・전기소독기 ・제습기

		• 음식물처리기
	오디오, 비디오 응용기기	• 텔레비전수상기 • 디스크 플레이어 • 오디오시스템 • 전자악기 • 오디오프로세서 • 영상프로세서
	정보, 통신, 사누기기	• 모니터 • 프린터(플로터 및 그래픽 전용인 것은 제외) • 프로젝터 • 문서 세단기 • 천공기 • 제본기 • 복사기(광원의 정격출력이 1.2kW 이하인 것) • 무정전공급장치(정격용량이 10kVA 이하인 것) • 컴퓨터용 전원공급장치 • 디지털TV(스마트TV, IPTV 등) • 코팅기 • 노트북컴퓨터(테블릿 PC를 포함) • 전지(충전지만 해당
공급자적합성 확인	정보, 통신, 사무기기	• 어학실습기 • 전자칠판 및 보드 • 동전계수기 • 전동타자기 • 전기소자기 • 교통카드 충전기 • 번호표 발행기 • 생활무선국용 무전기(이동형, 고정형 및 아마추어 무선국용 기기를 포함) • 음성·음향신호 및 기타 신호전송용 무선기기(무선마이크 시스템, 무선스피커 시스템을 포함) • 인터넷멀티미디어방송 가입자단말장치(IPTV용 셋톱박스 등) • 종합유선방송 가입자 단말장치(디지털 CATV용 셋톱박스 등)

		• 디지털재변조형주파수변환기(지상파디지털TV용셋톱박스,D/A용셋톱박스,A/V신호수신기등)
		• A/D 및 D/A 신호변환기(아날로그신호를 디지털방송신호로 변환해 주는 셋톱박스 등)
		• 지상파텔레비전방송 신호처리기(셋톱박스 등을 말한다)
		• 재단기
		• 실물화상기
		• 입체영상기
		• 휴대폰, 스마트폰, TRS 휴대폰 등 이동형 무선통신기기(휴대형 통신기기만 해당)
		• 전화기(공공전화망에 연결되는 것만 해당)
		• 팩시밀리기기(전화기 부가기능을 가진 기기를 포함한다)
		• 전화기능을 내장한 복합단말기기
		• 공중전화회선을 이용한 데이터전송 및 검색 단말기
		• 신용카드조회 단말기기
		• 모뎀을 내장한 특정한 용도의 단말기기(금융단말기기, 정보검색용 단말기기, 현금자동취급기 등)
		• 위치기반서비스용 무선기기(버스정류장 버스안내 시스템 등)
		• 원격제어방송기기
	조명기기	• 형광램프용 스타터

3. 전기용품 및 생활용품 안전관리제도의 흐름

우리나라의 전기용품 및 생활용품에 관한 안전 개념이 본격적으로 도입되기 시작한 것은 1974년도에 전기용품안전관리법이 제정 공포되면서 현재까지도 수차례 관련법령에 대한 개정이 진행되었다. 수차례 개정이 거듭되며 제조자가 직접 모델별로 민간 안전인증기관에 인증을 받는 체제로 변화가 되었다.

산업통상자원부 산하 국가기술표준원의 주도하에 '전기용품안전 관리법 전부개정법률안'으로 발의한 법으로 산업통상자원위원회를 거쳐 19대 국회 막바지에 통과된 법이다. 19대 국회는 법안 처리율이 최저로 식물 국회로 불리는 걸 두려워해서 막바지에 조급하게 법안을 통과시켰다.[4]

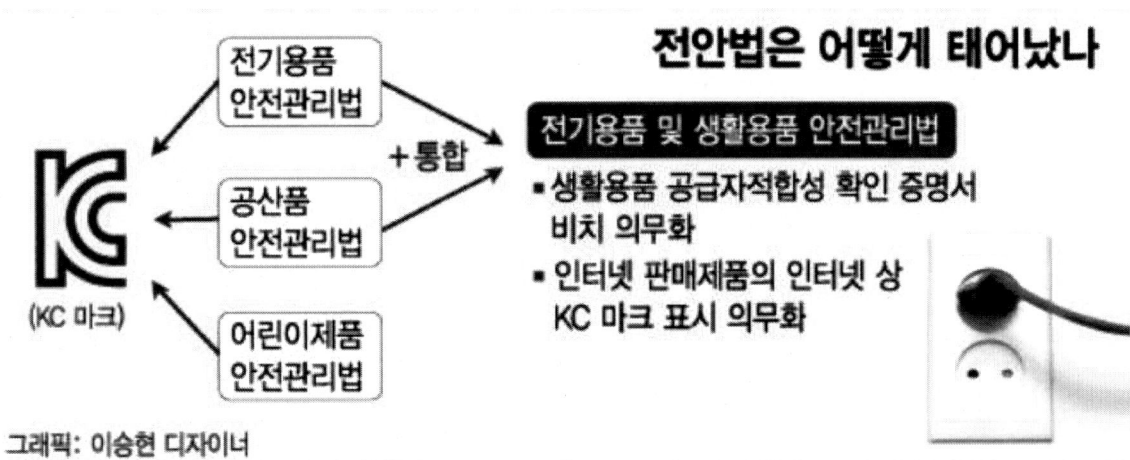

시기	제도 변천 내역
'84.6.11	① 보호구 성능검정제도 도입 - 안전모 등 3종
'87.10.1	① 방호장치 성능검정제도 도입 - 위험기계·기구 방호장치 9종
'91.7.1	① 위험기계·기구 설계·완성·성능 및 정기검사제도 도입 - 크레인 등 7종

---

4) [출처] 나무위키_전기용품 및 생활용품 안전관리법

'97.10.16	① S마크 안전인증제도 도입 - 산업용 기계·기구 및 부품
'09.1.1	① 안전인증제도로 전환 **검사** [위험기계 및 기구] 설계검사 -> 완성 및 성능 검사 **안전인증 및 자율안전확인 신고** [위험기계, 기구 및 방호장치, 보호구] • 안전인증 -서면심사→기술능력 및 생산체계 심사→제품심사→확인심사 • 자율안전확인신고 -위험성평가→신고 **성능검정** [방호장치 및 보호구] 성능시험
'13.3.1	① 안전인증 대상 확대 -절곡기 • 곤돌라 • 기계톱 (3품목) 추가 ① 위험기구·기계 자율안전확인신고 대상 대폭 변경 - 원심기 등 3품목 → 연삭기 등 24품목

그리고 2018년 7월 1일 기준으로 개정된 전안법이 시행되었다. 기존 KC마크를 부착하지 않고 판매하던 생활용품들은 대부분 대상에서 제외되었다. 오히려 부착하지 않아도 되는 상품에 마크부착 후 판매시 2021년 6월 30일부터 처벌을 받을 수 있다.

4. 전기용품 및 생활용품 안전관리제도의 신청 절차

(1) 안전인증 신청

신청 - 제품 설명과 함께 신청 양식을 제출합니다. 또한, 제조업체는 반드시 제조 등록 증명서를 받아야 합니다.

공장 심사 - 생산 설비 및 공정이 적용되는 안전 기준을 준수하는지 심사합니다.

제품 시험 - 관련 안전 표준의 요구사항을 준수하는지 시험합니다.

EMC 시험 - 제품의 전자파 적합성(EMC)을 시험합니다.

심사 - 인증의 지속적인 준수를 검증하기 위한 정기적인 공장 심사 및 사후 심사를 진행합니다.

* 인증 기간: 1년

* 비용:
① 안전인증 신청 수수료 : 50,000원
② 제품시험 수수료 :
안전인증기관이 국가기술표준원장과 협의하여 안전인증대상 전기용품의시험항목별로 정하는 금액
③ 공장심사 수수료 : 공장 한곳당 200,000원을 기준으로 하되, 공장의 규모를 고려하여 안전인증기관 국가기술표준원장과 협의하여 정하는 금액

국가기술표준원은 전기용품 및 생활용품과 어린이 제품 등 위해 수준에 따라 ①안전인증 ②안전확인 ③공급자적합성확인으로 단계를 나눠 KC 인증마크를 부착하고 관리한다. 전기기기와 전동공구, 조명기기, 어린이 놀이기구 등 사고 발생 시 위해 수준이 매우 높은 제품에 해당하는 제품은 '안전인증'을 받아야 한다.[5]

안전인증은 안전인증기관이 직접 제품의 성능검사 및 공장심사를 통해 확인 후 인증서를

---

5) [출처] https://www.boannews.com/media/view.asp?idx=66060

발급한다. 안전인증을 받은 후에는 정기적인 심사를 통해 검사와 제조, 설비, 보유인력 등 품질 시스템을 지속적으로 관리하고 확인을 받아야 한다.

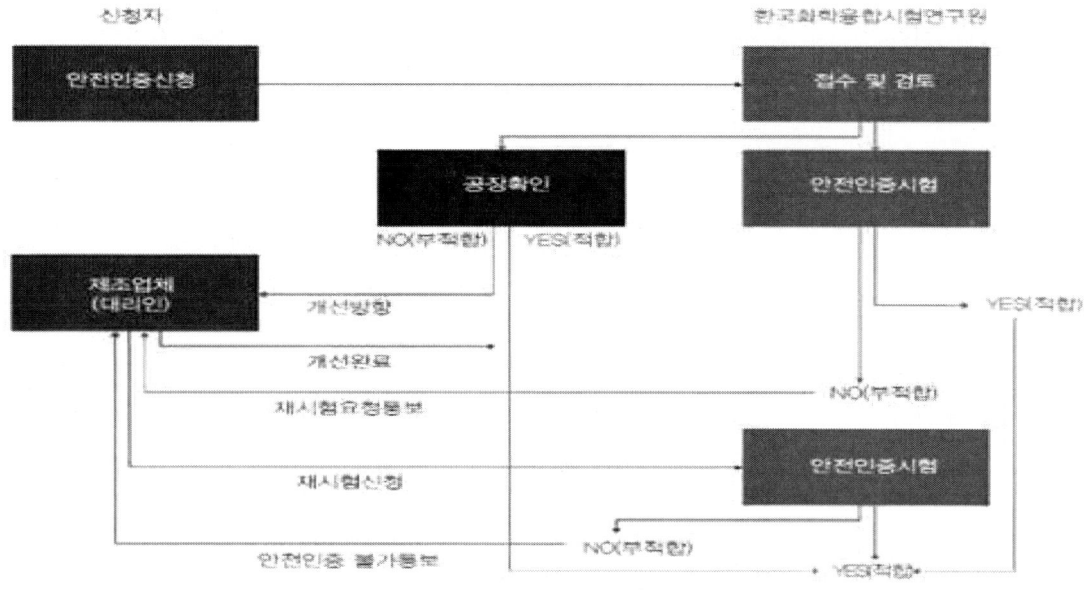

(2) 안전확인 인증절차

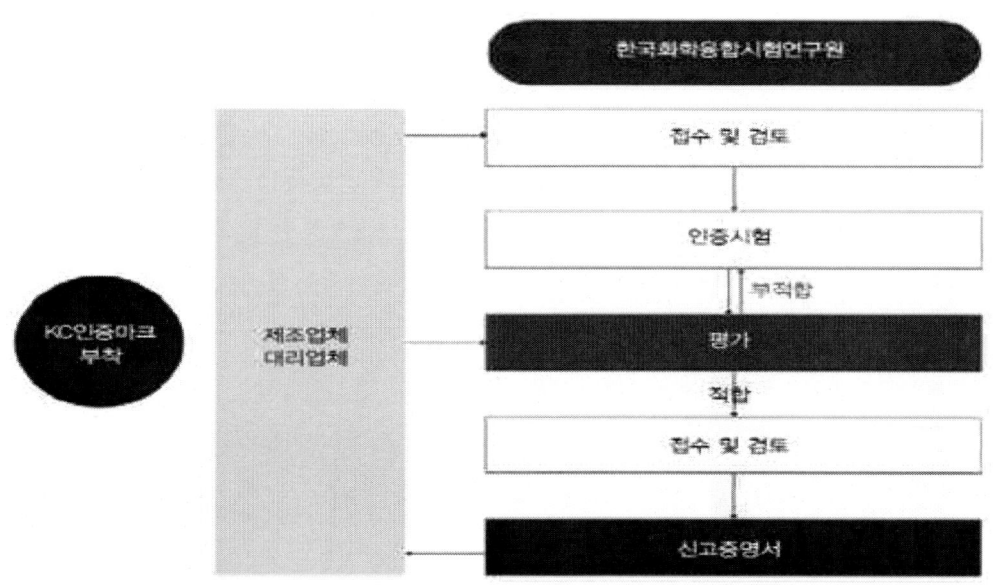

안전인증 대상 제품보다 위해도가 낮은, 다시 말해 안전사고 우려가 있어 완제품 검사가 필요한 제품은 '안전확인'을 받아야 한다. 안전확인은 제품이 안전기준에 적합한 것으로 확인되면 신고 후 판매가 가능하도록 하는 제도다. 미용기기, 건전지, 어린이 완구 등이 해당되며 제품검사 후 신고확인서를 발급받아 KC 인증마크를 부착해야 한다. 안전확인 제품은 안전인증제도에서 실시하는 공장심사 및 정기검사 절차는 생략된다.

(3) 공급자적합성확인 제도

안전인증 또는 안전확인 대상 제품에 비해 다소 위해도가 낮은 제품은 '공급자적합성확인 제도'를 통해 KC 인증마크를 부착해야 한다. 공급자적합성확인 제도는 제조자 또는 수입자가 스스로 제품에 대한 안전성검사를 실시한 뒤 시험성적서 등 관련 서류를 최종 제조일로부터 5년간 비치해야 한다. 라디오 수신기, 화장지, 어린이용 물안경 등 위해 정보 제공 및 표시만으로도 안전사고가 방지 가능한 제품이 여기에 해당된다. CCTV가 공급자적합성확인 제도 대상 품목이다.

(4) 안전인증기관

안전인증 기관명	안전인증업무 범위	소재지(연락처)
한국화학융합시험연구원 (www.ktr.or.kr)	가정용압력냄비및압력솥, 자동차용재생타이어	경기도 과천시 교육원로 98 (☎02-2164-0011)
한국건설생활환경시험연구원 (www.kcl.re.kr)	물놀이기구, 비비탄총, 가스라이터	서울시 금천구 가산디지털 1로 199 (일반용품: ☎02-2102-2500)
한국기계전기전자시험연구원 (www.ktc.re.kr)	가정용압력냄비 및 압력솥, 물놀이기구	경기도 군포시 흥안대로 27번길 22 (☎031-428-7347)
한국의류시험연구원 (www.katri.re.kr)	물놀이기구, 가정용압력냄비및압력솥, 비비탄총, 가스라이터	서울시 동대문구 왕산로 51 (☎02-3668-3000)
FITI 시험연구원 (www.fiti.re.kr)	가정용압력냄비및압력솥, 비비탄총	서울시 강서구 마곡중앙8로 3길 79(마곡동) (☎02-3299-8000)
KOTITI시험연구원 (www.kotiti.re.kr)	물놀이기구, 가정용압력냄비및압력솥, 비비탄총, 가스라이터	경기도 성남시 중원구 사기막골로 111 (☎02-3451-7000)

5. 전기용품 및 생활용품 안전관리제도의 의무사항

(1) 공급자 적합성 확인

① 출고 또는 통관 전에 해당 제품에 대해 스스로 제품 시험을 하거나 국가 공인 시험기관을 통해 제품 시험 실시
② KC마크, 제조국, 업체명, 모델명, 제조시기 등 품목별 안전기준에 따른 표시사항 표시
③ 시험성적서 등 안전기준에 적합함을 증명하는 서류 보관
④ 인터넷 판매시 안전 관련 정보 (KC마크, 인증번호, 제품명, 모델명, 제조업자명 또는 수입업자명) 게시

(2) 안전기준 준수대상

① 안전기준 대상 품목의 경우, 제품 시험 검사, KC마크 표시, 안전기준 적합 서류 보관, 안전 정보(KC마크 등) 게시의 의무 없음
② 안전기준에서 정하는 사항을 표시(제조국, 제조업체명, 모델명, 제조시기 등)
③ 안전기준에 적합한 제품을 제조 또는 수입 (출고 또는 통관 前)

(3) 도안요령

안전인증표시의 도형 크기는 생활용품의 크기에 따라 조정가능하다.
안전인증 등의 도안 색상은 검은색을 원칙으로 하고 보색을 할 수 있다.
안전인증: 금색 (KS A0062, 10YR 6/4 색채) 또는 검정색 (KS A0062, N2색채) 과 인증번호
안전확인: 남색 (KS A0062, 5P8 2/8 색채 또는 검정색 (KS A0062, N2색채) 과 인증

번호

공급자적합성확인: 남색 (KS A0062, 5P8 2/8 색채 또는 검정색 (KS A0062, N2색채)

1) 안전인증, 안전확인신고, 공급자적합성확인 및 어린이보호포장(이하 이 표에서 "안전인증등"이라 한다)을 표시하는 각각의 도안 크기는 안전관리대상제품의 크기에 따라 조정하되 가로, 세로비율은 가목과 같다.

2) 안전인증등의 표시방법은 해당 안전관리대상제품 또는 그 포장에 쉽게 알아볼 수 있도록 표시하고, 떨어지지 않도록 붙이거나 인쇄 또는 각인 등의 방법으로 표시하여야 한다.

3) 안전인증등의 표시방법 및 안전기준에 관한 사항, 국가기술표준원장이 정하는 사항은 한글로 표기하여야 한다. 다만, 전기용품의 경우에는 국문 또는 영문 등의 글자로 부기할 수 있다.

4) 안전인증등의 도안 색상은 검은색을 원칙으로 하고 보색을 할 수 있다.

5) 제품의 표면에 안전인증표시를 붙이는 것이 곤란하거나 실수요자가 다량을 구입하여 직접 사용하는 생활용품으로서 시중에 유통될 우려가 없는 경우에는 해당 생활용품의 최소포장마다 붙일 수 있다.

6) 세부표시사항은 국가기술표준원장이 고시하는 바에 따른다.

(4) 안전인증ㆍ안전확인신고ㆍ공급자적합성확인의 표시

안전인증을 받거나 안전확인신고를 한 전기용품은 표시에 관한 규정에서 정하는 바에 따라 당해 안전인증대상전기용품 또는 안전확인대상전기용품과 그 포장에 안전인증의 표시 또는 안전확인신고의표시를 하여야 한다.

* 표시시기
국내제조 전기용품 : 출고전
수입전기용품 : 통관전

* 표시내용 :
전기용품 및 생활용품 안전관리법 운용요령
1) 안전인증·안전확인신고·공급자적합성확인의 마크
2) 안전인증·안전확인신고 번호
3) 모델명

4) 제조업체명 또는 수입업체명(외국 소재 제조업체인 경우에만 제조국명 표시를 추가)
5) 제품의 제조시기를 알 수 있는 표시(예 : 제조년월, 로트번호 또는 제조업자가 제조년월을 입증할 수 있는 표시 등)
6) 아프터서비스 연락처(실질적으로 A/S가 가능한 국내의 연락처)
7) 개별 전기용품 안전기준에서 규정한 표시사항

* 비고
1) 제품에 표시된 안전인증의 표시등 및 안전확인신고등의 표시등, 공급자적합성확인의 시등이 잘 보이도록 투명한 재질을 포장재로 사용한 경우에는 제품 포장에 안전인증의 표시등 및 안전확인 신고등, 공급자적합성확인의 표시등을 하지 않을 수 있다.
2) 해당 제품의 표면에 안전인증의 표시등, 안전확인신고등의 표시등 및 공급자적합성확인의 표시등이 있는 경우, 해당 제품 포장의 표시는 제1호부터 제7호까지 생략할 수 있다.

* 구매대행 및 병행수입제품의 표시
구매대행업자가 「전기용품 및 생활용품 안전관리법」상 안전관리대상 제품을 구매대행 할 경우 인터넷을 통해 제품별로 아래사항을 게시하여 소비자에게 알려야한다.(반드시 '제품별'로 하여야 하며 여러 제품을 묶어 한꺼번에 알리면 안됨).
1) 제품 또는 포장에 KC마크 표시가 없는 제품을 구매대행하는 경우
이 제품은 구매대행을 통하여 유통되는 제품임"
이 제품은 「전기용품 및 생활용품 안전관리법」에 따른 안전관리대상 제품임"
2) 제품 또는 포장에 KC마크 표시가 있는 제품을 구매대행하는 경우
이 제품은 구매대행을 통하여 유통되는 제품임"
KC마크 안전인증번호 또는 안전확인신고번호(공급자적합성확인대상 제품일 경우 해당 없음)
3) 병행수입제품이 인증을 면제 받았을 경우 표시사항
 가) 제품 또는 고장
"이 제품은 병행수입된 제품임"
이 제품은 「전기용품 및 생활용품 안전관리법」에 따른 안전관리대상 제품임"
 KC마크
- 안전인증번호 또는 안전확인신고번호(공급자적합성확인대상 제품일 경우 해당 없음)
- 품목별 안전기준에 따른 표시사항
 나) 인터넷을 통해 판매하는 경우

- "이 제품은 병행수입된 제품임"
- "이 제품은「전기용품 및 생활용품 안전관리법」에 따른 안전관리대상 제품임"
- KC마크
- 안전인증번호 또는 안전확인신고번호(공급자적합성확인대상 제품일 경우 해당 없음)
- 제품명, 모델명(모델명이 있는 경우에 한함)
- 제조업자명(또는 수입업자명)

(5) 안전인증등의 면제확인 표시방법

가. 안전인증등의 면제확인 표시는 해당 제품에 부착하여야 한다.
나. 안전인증등의 면제확인 표시는 안전인증등의 도안을 사용하고, 그 도안과 인접하여 하단에 "면제검사필"표시를 부착하여야 한다.
다. 수출용 제품 또는 제품이 소형이거나 부분품·부속품으로 사용되어 면제확인 표시를 붙이는 것이 곤란한 경우에는 그 사유를 작성하고, 관련 서류에 면제검사필증을 부착하여 보관하여야 한다.

(6) 수입중고 전기용품의 안전검사 표시방법
가. 수입중고 전기용품의 안전검사 표시는 해당 제품에 부착하여야 한다.
나. 수입중고 전기용품의 안전검사 표시는 안전인증등의 도안을 사용하고, 국가기술표준원장이 정하는 절차에 따라 그 도안과 인접하여 하단에 "안전검사필"과 "제품고유번호"를 표시하여야 한다. 공급자적합성확인 대상 제품은 인증번호 없음.

* 제품정보확인

제품안전정보센터 공식 홈페이지

6. 관련 법령 등

(1) 미이행시 제재 사항
전기용품 및 생활용품 안전관리법의 과태료는 다음 각 항목에 정해진 위반 행위에 따라 형벌 및 부과 과태료가 상이하다.

[벌칙]
다음 사항에 해당하는 자에게는 천만원 이하의 벌금 또는 3년 이하의 징역에 처한다.

1) 거짓이나 그 밖의 부정한 방법으로 제3조제1항에 의거한 안전인증을 받은 자, 제5조제1항에 의거한 안전검사를 받은 자, 제11조제1항에 의거한 자율안전 확인신고등을 이행한 자 또는 제12조제1항에 의거한 안전검사를 받은 자
2) 안전인증을 받지 아니하고 안전인증대상전기용품을 제조한 자, 제5조제1항을 위반하여 안전검사를 받지 아니하고 중고 안전인증대상전기용품을 수입한 자, 제11조제1항을 위반하여 자율안전확인신고등을 하지 아니하고 자율안전확인대상전기용품을 제조하거나 수입한자 또는 제12조제1항을 위반하여 안전검사를 받지 아니하고 중고 자율안전확인대상전기용품을 수입한 자
3) 안전인증을 받은 자, 제5조제2항에 따른 안전기준을 위반하여 안전검사를 받은 자, 제11조제3항에 따른 안전기준을 위반하여 자율안전확인시험을 한 자 또는 제12조제2항을 위반하여 안전검사를 받은 자
4) 제6조제2항을 위반하여 안전인증의 표시등을 하거나 이와 비슷한 표시를 한 자 또는 제13조제2항을 위반하여 자율안전확인신고등의 표시등을 하거나 이와 비슷한 표시를 한 자
5) 안전인증의 표시등이 없는 안전인증대상전기용품을 판매·대여하
거나 판매·대여할 목적으로 수입·진열 또는 보관한 자 또는 제14조제1항을 위반하여 자율안전확인신고등의 표시등이 없는 자율안전확인대상전기용품을 대여·판매하거나 대여·판매할 목적으로 진열·수입 또는 보관한 자
6) 거짓이나 그 외의 부정한 방법으로 제9조제1항에 의거한 안전인증기관으로 지정을 받고 안전인증이나 자율안전확인시험 또는 안전검사을 한 자
7) 안전인증기관으로 지정을 받지 않고 안전인증이나 자율안전확인시험 또는 안전검사을 한 자
8) 전인증기관의 지정이 취소된 후 또는 업무정지 기간 중에 안전인증이나 안전검사 또는 자율안전확인시험을 한 자

다음 사항에 해당하는 자에게는 1천만원 이하의 벌금에 처한다.
1) 자체검사를 실시하지 아니한 자
2) 안전인증의 표시등을 임의로 변경하거나 제거한 자 또는 자율안전 확인신고등의 표시등을 임의로 변경하거나 제거한 자
3) 안전인증의 표시등이 없는 안전인증대상전기용품을 사용한 자 또는 자율안전확인신고등의 표시등이 없는 자율안전확인대상전기용품을 사용한 자
4) 인증대상전기용품등 외의 전기용품과 그 포장에 안전인증의 표시등을 하거나 이와 비슷한 표시를 한 자

[과태료]
다음 사항에 해당하는 자는 500만원 이하의 과태료를 부과한다.
1) 정기검사를 거부 기피 또는 거부한 자
2) 자체검사의 기록을 보관·작성하지 아니하거나 거짓으로 보관·작성한 자
3) 안전기준에 적합한 사실을 증명하는 서류를 비치하지 않거나 거짓으로 비치한 자
4) 보고를 하지 않거나 거짓으로 보고한 자
5) 검사나 질문을 방해·기피 또는 거부한 자

(2) 전기용품 및 생활용품 안전관리법 (약칭: 전기생활용품안전법)

제1장 총칙

제1조(목적) 이 법은 전기용품을 생산·조립·가공하거나 판매·대여 또는 사용할 때의 안전관리에 관한 사항을 규정하여 화재·감전 등의 위해(危害)로부터 국민의 생명, 신체 및 재산을 보호함을 목적으로 한다. 〈개정 2013.7.30.〉
제2조(정의) 이 법에서 사용하는 용어의 뜻은 다음과 같다. 〈개정 2008.2.29., 2009.3.25., 2011.3.30., 2013.3.23., 2013.7.30.〉
1. "전기용품"이란 교류 전원 또는 직류 전원에 연결하여 사용되는 기계, 기구, 재료 또는 그 부분품이나 부속품을 말한다.
2. "안전인증"이란 제9조제1항에 따라 지정을 받은 기관(이하 "안전인증기관"이라 한다)이 판매하거나 대여할 목적으로 생산·조립 또는 가공(이하 "제조"라 한다)된 전기용품을 시험(이하 "제품시험"이라 한다)하고 제조설비·검사설비·기술능력 및 제조체제를 평가(이하 "공장심사"라 한다)하여 전기용품에 대한 안전성을 인증하는 것을 말한다.
3. "안전인증대상전기용품"이란 구조와 사용방법 등으로 인하여 화재·감전 등의 위해

가 발생할 우려가 크다고 인정되는 전기용품 중 안전인증을 통하여 그 위해를 방지할 수 있다고 인정되는 전기용품으로서 산업통상자원부령으로 정하는 것을 말한다.

4. "안전확인대상전기용품"이란 구조·사용방법 등으로 인하여 화재·감전 등의 위해가 발생할 우려가 있는 전기용품 중 안전인증기관 또는 제11조의2제1항에 따라 지정된 안전확인시험기관이 실시하는 제품시험을 통한 안전성확인으로 그 위해를 방지할 수 있다고 인정되는 전기용품으로서 산업통상자원부령으로 정하는 것을 말한다.

5. "공급자적합성확인대상전기용품"이란 구조·사용방법 등으로 인하여 화재·감전 등의 위해가 발생할 우려가 있는 전기용품 중 제조업자 또는 수입업자가 직접 또는 제3자에게 의뢰하여 실시하는 제품시험을 통한 안전성확인으로 그 위해를 방지할 수 있다고 인정되는 전기용품으로서 산업통상자원부령으로 정하는 것을 말한다.

제2장 전기용품안전관리

제1절 안전인증대상전기용품

제3조(안전인증) ① 안전인증대상전기용품의 제조를 업으로 하거나 외국에서 제조하여 대한민국으로 수출하려는 자(이하 "제조업자"라 한다)는 안전인증기관으로부터 안전인증대상전기용품의 모델(산업통상자원부령으로 정하는 고유한 명칭을 붙인 제품의 형식을 말한다. 이하 같다)별로 산업통상자원부령으로 정하는 바에 따라 안전인증을 받아야 한다. 다만, 다음 각 호의 어느 하나에 해당하는 경우에는 대통령령으로 정하는 바에 따라 안전인증을 면제받거나 제품시험 또는 공장심사의 전부 또는 일부(제3호에 해당하는 경우에는 제품시험의 전부 또는 일부만 해당한다)를 면제받을 수 있다. 〈개정 2008.2.29., 2009.3.25., 2011.3.30., 2013.3.23., 2013.7.30.〉

1. 연구·개발, 전시 등을 목적으로 제조하거나 수입하는 안전인증대상전기용품으로서 대통령령으로 정하는 것에 대하여 산업통상자원부령으로 정하는 바에 따라 산업통상자원부장관의 확인을 받은 경우

1의2. 수출을 목적으로 수입하는 안전인증대상전기용품으로서 대통령령으로 정하는 것에 대하여 해당 특별시·광역시·특별자치시·도 또는 특별자치도(이하 "시·도"라 한다)의 조례로 정하는 바에 따라 특별시장·광역시장·특별자치시장·도지사 또는 특별자치도지사(이하 "시·도지사"라 한다)의 확인을 받은 경우

1의3. 수출을 목적으로 안전인증대상전기용품을 제조하는 경우

2. 국가간 상호인정협정에 따라 산업통상자원부장관이 정하는 외국의 안전인증기관에서 안전인증을 받은 경우

3. 산업통상자원부령으로 정하는 일정 수준 이상의 시험능력을 갖춘 제조업자가 산업

통상자원부령으로 정하는 바에 따라 제품시험을 실시하여 안전인증기관이 적합한 것임을 확인한 경우

4. 제4조제4항에 따라 안전인증기관이 인정계약을 체결한 국내외의 기관에서 제품시험 또는 공장심사를 받아 적합한 것임을 확인받은 경우

5. 그 밖에 다른 법령에 따라 안전성이 인정되는 경우로서 산업통상자원부령으로 정하는 경우

② 안전인증대상전기용품의 제조업자는 안전인증을 받은 사항을 변경하려는 경우에는 산업통상자원부령으로 정하는 바에 따라 안전인증기관으로부터 안전인증의 변경을 받아야 한다. 〈개정 2008.2.29., 2013.3.23.〉

③ 안전인증기관은 산업통상자원부장관이 정하여 고시하는 안전인증대상전기용품에 관한 안전기준과 공장심사기준에 적합한 경우 안전인증을 하여야 한다. 다만, 안전기준이 고시되지 아니한 안전인증대상전기용품에 대하여는 산업통상자원부령으로 정하는 바에 따라 안전인증을 할 수 있다. 〈개정 2008.2.29., 2011.3.30., 2013.3.23.〉

④ 안전인증기관은 제3항에 따라 안전인증을 하는 경우 산업통상자원부령으로 정하는 바에 따라 조건을 붙일 수 있다. 〈개정 2008.2.29., 2013.3.23.〉

⑤ 제4항에 따른 조건은 이 법의 시행에 필요한 최소한의 것이어야 하며, 해당 제조업자에게 부당한 의무를 부과하는 것이어서는 아니 된다.

제4조(정기검사와 자체검사 등) ① 안전인증기관은 제3조제1항에 따라 안전인증을 받은 안전인증대상전기용품이 계속하여 안전을 유지하고 있는지를 확인하기 위하여 안전인증대상전기용품, 제조설비·검사설비 및 기술능력에 대하여 1년에 한 번 이상 산업통상자원부령으로 정하는 절차와 방법에 따라 정기검사를 실시하여야 한다. 〈개정 2008.2.29., 2013.3.23.〉

② 안전인증을 받은 안전인증대상전기용품의 제조업자는 안전인증을 받은 후 제조되는 안전인증대상전기용품에 대하여 산업통상자원부령으로 정하는 바에 따라 자체검사를 실시하고 그 기록을 작성·보관하여야 한다. 〈개정 2008.2.29., 2013.3.23.〉

③ 안전인증기관은 제1항에 따른 정기검사와 제2항에 따른 자체검사의 결과가 우수한 경우에는 대통령령으로 정하는 바에 따라 정기검사의 전부 또는 일부를 면제할 수 있다.

④ 안전인증기관은 산업통상자원부령으로 정하는 바에 따라 안전인증대상전기용품 또는 안전확인대상전기용품의 안전에 관한 시험·검사를 실시하는 국내외의 기관과 제품시험 또는 공장심사의 결과를 인정하는 계약을 체결할 수 있다. 〈개정 2008.2.29., 2013.3.23., 2013.7.30.〉

제5조(안전검사) ① 안전인증대상전기용품에 해당하는 중고 전기용품을 외국에서 수

입하여 판매 또는 대여하려는 자는 수입한 중고 전기용품에 대하여 산업통상자원부령으로 정하는 바에 따라 안전검사를 받아야 한다. 다만, 제3조제1항에 따른 안전인증을 받거나 안전인증의 면제를 받은 경우에는 그러하지 아니하다. 〈개정 2008.2.29., 2013.3.23.〉

② 제1항에 따른 안전검사의 기준은 제3조제3항에 따른 안전기준을 준용한다.

제6조(안전인증의 표시 등) ① 안전인증대상전기용품의 제조업자 또는 수입업자는 산업통상자원부령으로 정하는 바에 따라 해당 전기용품과 그 포장에 다음 각 호의 구분에 따른 표시(이하 "안전인증의 표시등"이라 한다)를 하여야 한다. 〈개정 2008.2.29., 2013.3.23.〉

1. 제3조제1항 각 호 외의 부분 본문에 따른 안전인증을 받은 자는 안전인증의 표시와 제3조제3항에 따른 안전기준에서 정하는 표시
2. 제3조제1항 각 호 외의 부분 단서에 따른 안전인증의 면제를 받은 자는 안전인증의 면제표시
3. 제5조제1항에 따른 안전검사를 받은 자는 안전검사의 표시와 제5조제2항에 따른 안전검사의 기준에서 정하는 표시

② 제3조제1항에 따른 안전인증 또는 안전인증의 면제를 받지 아니하거나 제5조제1항에 따른 안전검사를 받지 아니한 자는 안전인증대상전기용품과 그 포장에 안전인증의 표시등을 하거나 이와 비슷한 표시를 하여서는 아니 된다.

③ 다음 각 호의 어느 하나에 해당하는 자는 안전인증의 표시등을 임의로 변경하거나 제거하여서는 아니 된다. 〈개정 2009.5.21.〉

1. 「전기사업법」제2조제2호에 따른 전기사업자
2. 「전기사업법」제2조제19호에 따른 자가용전기설비(自家用電氣設備)를 설치하는 자
3. 「전기공사업법」제2조제3호에 따른 공사업자
4. 안전인증대상전기용품을 부분품이나 부속품으로 사용하여 전기용품을 제조하는 자
5. 안전인증대상전기용품을 수입하거나 판매 또는 대여하는 자(이하 "수입·판매·대여업자"라 한다)

제7조(안전인증의 표시등이 없는 안전인증대상전기용품의 판매·사용 등의 금지) ① 안전인증대상전기용품의 제조업자와 수입·판매·대여업자는 안전인증의 표시등이 없는 안전인증대상전기용품을 판매·대여하거나 판매·대여할 목적으로 수입·진열 또는 보관하여서는 아니 된다.

② 제6조제3항제1호부터 제4호까지의 규정 중 어느 하나에 해당하는 자는 안전인증의 표시등이 없는 안전인증대상전기용품을 사용하여서는 아니 된다.

③ 전기용품판매중개업자 및 전기용품구매·수입대행업자는 안전인증의 표시등이 없는

안전인증대상전기용품의 판매를 중개(「전자상거래 등에서의 소비자보호에 관한 법률」에 따른 통신판매중개자가 자신이 운영하는 사이버몰의 이용만 허락하는 경우를 제외한다. 이하 같다)하거나 구매 또는 수입을 대행하여서는 아니 된다. 〈신설 2008.3.28., 2009.3.25.〉

제8조(안전인증의 취소 등) ① 안전인증기관은 안전인증을 받은 안전인증대상전기용품의 제조업자가 다음 각 호의 어느 하나에 해당하면 산업통상자원부령으로 정하는 바에 따라 안전인증을 취소하거나 6개월 이내의 범위에서 안전인증표시 사용금지조치 또는 개선명령을 할 수 있다. 다만, 제1호에 해당하면 안전인증을 취소하며, 제10호에 해당하면 안전인증을 취소하거나 안전인증표시 사용금지조치를 할 수 있다. 〈개정 2008.2.29., 2009.3.25., 2013.3.23.〉

1. 거짓이나 그 밖의 부정한 방법으로 안전인증을 받은 경우
2. 안전인증을 받은 후 제조하는 안전인증대상전기용품을 제3조제3항에 따른 안전기준에 적합하지 아니하게 제조한 경우
3. 제3조제4항에 따른 조건을 이행하지 아니한 경우
4. 제4조제1항에 따른 정기검사를 거부·방해 또는 기피한 경우
5. 제4조제1항에 따른 정기검사 결과 제조설비·검사설비와 기술능력이 공장심사의 기준에 적합하지 아니한 경우
6. 제4조제2항에 따른 자체검사를 하지 아니한 경우
7. 제4조제2항에 따른 자체검사의 기록을 작성·보관하지 아니하거나 거짓으로 작성·보관한 경우
8. 제6조제1항에 따른 안전인증의 표시등을 하지 아니하거나 거짓으로 표시한 경우
9. 제19조제1항 또는 제6항에 따른 명령을 위반한 경우
10. 제2호부터 제8호까지에 해당되어 안전인증표시 사용금지조치 또는 개선명령의 조치를 받고 이를 이행하지 아니한 경우

② 안전인증기관은 제1항에 따라 안전인증이 취소된 자에 대하여 그 취소된 날부터 1년 이내에는 같은 모델의 안전인증대상전기용품에 안전인증을 하여서는 아니 된다.

제9조(안전인증기관의 지정 등) ① 산업통상자원부장관은 전기용품의 안전성을 확보하기 위하여 전기용품의 안전인증, 안전검사 및 안전확인대상전기용품에 대한 제품시험(이하 "안전확인시험"이라 한다)을 실시하는 기관을 지정할 수 있다. 〈개정 2008.2.29., 2013.3.23., 2013.7.30.〉

② 제1항에 따른 지정을 받으려는 법인이나 단체는 인증심사원(認證審査員)과 시험설비 등 산업통상자원부령으로 정하는 지정기준을 확보하여 산업통상자원부장관에게 지정신청을 하여야 한다. 〈개정 2008.2.29., 2013.3.23.〉

③ 산업통상자원부장관은 안전인증기관에 대하여 전기용품의 안전성을 확보하기 위하여 필요한 범위에서 지도·감독할 수 있다. 〈개정 2008.2.29., 2013.3.23.〉

④ 제1항에 따른 지정의 방법, 절차 등에 관하여 필요한 사항은 산업통상자원부령으로 정한다. 〈개정 2008.2.29., 2013.3.23.〉

제10조(안전인증기관의 지정취소 등) ① 산업통상자원부장관은 제9조에 따라 안전인증기관으로 지정받은 법인이나 단체가 다음 각 호의 어느 하나에 해당하면 그 지정을 취소하거나 1년 이내의 기간을 정하여 그 업무의 전부 또는 일부의 정지를 명할 수 있다. 다만, 제1호나 제2호에 해당하면 그 지정을 취소하여야 한다. 〈개정 2008.2.29., 2013.3.23., 2013.7.30.〉

1. 거짓이나 그 밖의 부정한 방법으로 안전인증기관으로 지정을 받은 경우
2. 업무정지 명령을 받은 후 그 업무정지 기간에 안전인증이나 안전검사 또는 안전확인시험을 실시한 경우
3. 정당한 사유 없이 안전인증이나 안전검사 또는 안전확인시험을 실시하지 아니한 경우
4. 제9조제2항에 따른 지정기준에 적합하지 아니하게 된 경우
5. 안전인증이나 안전검사 또는 안전확인시험의 방법·절차 등을 위반하여 안전인증이나 안전검사 또는 안전확인시험을 실시한 경우
6. 제3조제3항을 위반하여 안전인증을 하거나 제5조제2항에 따른 안전검사의 기준을 위반하여 안전검사를 하거나 제11조제3항에 따른 안전기준을 위반하여 안전확인시험을 하거나 제12조제2항에 따른 안전검사의 기준을 위반하여 안전검사를 한 경우
7. 제21조에 따른 수수료를 초과하거나 미달하여 받은 경우

② 제1항에 따른 지정취소와 업무정지의 기준 등에 관하여 필요한 사항은 산업통상자원부령으로 정한다. 〈개정 2008.2.29., 2013.3.23.〉

제2절 안전확인대상전기용품 〈개정 2013.7.30.〉

제11조(안전확인대상전기용품의 신고 등) ① 안전확인대상전기용품의 제조업자 또는 수입업자는 산업통상자원부령으로 정하는 바에 따라 안전확인대상전기용품 모델별로 안전인증기관이나 제11조의2제1항에 따라 지정된 안전확인시험기관으로부터 안전확인시험을 받아 해당 전기용품이 제3항에 따른 안전기준에 적합한 것임을 스스로 확인(이하 "안전확인"이라 한다)한 후 이를 산업통상자원부장관에게 신고하여야 한다. 다만, 다음 각 호의 어느 하나에 해당하는 경우에는 대통령령으로 정하는 바에 따라 안전확인과 그 신고(이하 "안전확인신고등"이라 한다)를 면제받거나 안전확인시험의 전부 또는 일부(제3호에 해당하는 경우에는 안전확인시험의 전부 또는 일부만 해당한

다)를 면제받을 수 있다. 〈개정 2008.2.29., 2009.3.25., 2011.3.30., 2013.3.23., 2013.7.30.〉

1. 연구·개발, 전시 등을 목적으로 제조하거나 수입하는 안전확인대상전기용품으로서 대통령령으로 정하는 것에 대하여 산업통상자원부령으로 정하는 바에 따라 산업통상자원부장관의 확인을 받은 경우

1의2. 수출을 목적으로 수입하는 안전확인대상전기용품으로서 대통령령으로 정하는 것에 대하여 해당 시·도의 조례로 정하는 바에 따라 시·도지사의 확인을 받은 경우

1의3. 수출을 목적으로 안전확인대상전기용품을 제조하는 경우

2. 제4조제4항에 따라 안전인증기관이 인정계약을 체결한 국내외의 기관에서 제품시험을 받아 적합한 것임을 확인받은 경우

3. 산업통상자원부령으로 정하는 일정 수준 이상의 시험능력을 갖춘 제조업자 또는 수입업자가 산업통상자원부령으로 정하는 바에 따라 안전확인시험을 실시하여 안전인증기관이 적합한 것임을 확인한 경우

4. 그 밖에 다른 법령에 따라 안전성이 인정되는 경우로서 산업통상자원부령으로 정하는 경우

② 안전확인대상전기용품의 제조업자와 수입업자는 안전확인의 신고 사항을 변경하려는 경우에는 산업통상자원부령으로 정하는 절차와 방법에 따라 변경신고를 하여야 한다. 〈개정 2008.2.29., 2013.3.23., 2013.7.30.〉

③ 안전인증기관이나 제11조의2제1항에 따라 지정된 안전확인시험기관은 산업통상자원부장관이 정하여 고시하는 안전확인대상전기용품에 관한 안전기준을 적용하여 안전확인시험을 실시하여야 한다. 다만, 안전기준이 고시되지 아니한 안전확인대상전기용품에 대하여는 산업통상자원부령으로 정하는 바에 따라 안전확인시험을 실시할 수 있다. 〈개정 2011.3.30., 2013.3.23., 2013.7.30.〉

④ 안전확인대상전기용품의 제조업자와 수입업자는 제1항에 따른 신고를 한 경우에는 산업통상자원부령으로 정하는 바에 따라 해당 제품이 제3항에 따른 안전기준에 적합하다는 사실을 증명하는 서류를 비치하여야 한다. 〈개정 2008.2.29., 2013.3.23., 2013.7.30.〉

⑤ 제1항에 따른 안전확인의 유효기간은 5년으로 하되, 그 안전확인의 신고를 한 날부터 기산한다. 〈개정 2013.7.30.〉

[제목개정 2013.7.30.]

제11조의2(안전확인시험기관의 지정 등) ① 산업통상자원부장관은 안전확인대상전기용품의 안전성을 확보하기 위하여 안전확인시험을 실시하는 기관(이하 "안전확인시험기관"이라 한다)을 지정할 수 있다.

② 안전확인시험기관으로 지정을 받으려는 법인이나 단체는 안전확인시험설비 등 산업통상자원부령으로 정하는 지정기준을 확보하여 산업통상자원부장관에게 지정신청을 하여야 한다.

③ 산업통상자원부장관은 제1항에 따라 안전확인시험기관으로 지정을 받은 법인이나 단체가 다음 각 호의 어느 하나에 해당하면 그 지정을 취소하거나 1년 이내의 기간을 정하여 그 업무의 전부 또는 일부의 정지를 명할 수 있다. 다만, 제1호 또는 제2호에 해당하면 그 지정을 취소하여야 한다.

1. 거짓이나 그 밖의 부정한 방법으로 안전확인시험기관으로 지정을 받은 경우
2. 업무정지 명령을 받은 후 그 업무정지 기간에 안전확인시험을 실시한 경우
3. 정당한 사유 없이 안전확인시험을 실시하지 아니한 경우
4. 제11조제3항에 따른 안전기준을 위반하여 안전확인시험을 실시한 경우
5. 제2항에 따른 지정기준을 충족하지 못하게 된 경우
6. 안전확인시험의 방법·절차 등을 위반하여 시험을 실시한 경우
7. 제21조에 따른 수수료를 초과하거나 모자라게 받은 경우

④ 제1항부터 제3항까지에 따른 안전확인시험기관 지정의 방법, 절차 및 취소의 기준, 그 밖에 필요한 사항은 산업통상자원부령으로 정한다.

[본조신설 2013.7.30.]

제12조(안전검사) ① 안전확인대상전기용품에 해당하는 중고 전기용품을 외국에서 수입하여 판매 또는 대여하려는 자는 수입한 중고 전기용품에 대하여 산업통상자원부령으로 정하는 바에 따라 안전검사를 받아야 한다. 다만, 제11조제1항에 따른 안전확인신고등의 면제를 받은 전기용품의 경우에는 그러하지 아니하다. 〈개정 2008.2.29., 2013.3.23., 2013.7.30.〉

② 제1항에 따른 안전검사의 기준은 제11조제3항에 따른 안전기준을 준용한다.

제13조(안전확인신고등의 표시 등) ① 안전확인대상전기용품의 제조업자 또는 수입업자는 산업통상자원부령으로 정하는 바에 따라 해당 전기용품과 그 포장에 다음 각 호의 구분에 따른 표시(이하 "안전확인신고등의 표시등"이라 한다)를 하여야 한다. 〈개정 2008.2.29., 2013.3.23., 2013.7.30.〉

1. 제11조제1항 각 호 외의 부분 본문에 따른 안전확인신고등을 한 자는 안전확인신고등의 표시와 제11조제3항에 따른 안전기준에서 정하는 표시
2. 제11조제1항 각 호 외의 부분 단서에 따른 안전확인신고등의 면제를 받은 자는 안전확인신고등의 면제표시
3. 제12조제1항에 따른 안전검사를 받은 자는 안전검사의 표시와 제12조제2항에 따른 안전검사의 기준에서 정하는 표시

② 제11조제1항에 따른 안전확인신고등을 하지 아니하거나 안전확인신고등의 면제를 받지 아니하거나 제12조제1항에 따른 안전검사를 받지 아니한 자는 안전확인대상전기용품과 그 포장에 안전확인신고등의 표시등을 하거나 이와 비슷한 표시를 하여서는 아니 된다. 〈개정 2013.7.30.〉

③ 다음 각 호의 어느 하나에 해당하는 자는 안전확인신고등의 표시등을 임의로 변경하거나 제거하여서는 아니 된다. 〈개정 2009.5.21., 2013.7.30.〉

1. 「전기사업법」 제2조제2호에 따른 전기사업자
2. 「전기사업법」 제2조제19호에 따른 자가용전기설비를 설치하는 자
3. 「전기공사업법」 제2조제3호에 따른 전기공사업자
4. 안전확인대상전기용품을 부분품이나 부속품으로 사용하여 전기용품을 제조하는 자
5. 안전확인대상전기용품의 수입·판매·대여업자

[제목개정 2013.7.30.]

제14조(안전확인신고등의 표시등이 없는 안전확인대상전기용품의 판매·사용 등의 금지) ① 안전확인대상전기용품의 제조업자와 수입·판매·대여업자는 안전확인신고등의 표시등이 없는 안전확인대상전기용품을 판매·대여하거나 판매·대여할 목적으로 수입·진열 또는 보관하여서는 아니 된다. 〈개정 2013.7.30.〉

② 제13조제3항제1호부터 제4호까지 중 어느 하나에 해당하는 자는 안전확인신고등의 표시등이 없는 안전확인대상전기용품을 사용하여서는 아니 된다. 〈개정 2013.7.30.〉

③ 전기용품판매중개업자 및 전기용품구매·수입대행업자는 안전확인신고등의 표시등이 없는 안전확인대상전기용품의 판매를 중개하거나 구매 또는 수입을 대행하여서는 아니 된다. 〈신설 2008.3.28., 2013.7.30.〉

[제목개정 2013.7.30.]

제14조의2(안전확인신고등의 표시등 사용금지 등) 산업통상자원부장관은 안전확인대상전기용품의 제조업자 또는 수입업자가 다음 각 호의 어느 하나에 해당하면 산업통상자원부령으로 정하는 바에 따라 6개월 이내의 범위에서 안전확인신고등의 표시등 사용금지조치 또는 개선명령을 할 수 있다. 〈개정 2013.3.23., 2013.7.30.〉

1. 거짓이나 그 밖의 부정한 방법으로 안전확인신고등을 한 경우
2. 안전확인대상전기용품이 제11조제3항에 따른 안전기준에 맞지 아니한 경우
3. 안전확인신고등의 표시등을 하지 아니하거나 거짓으로 표시한 경우
4. 제19조제2항 또는 제6항에 따른 명령을 위반한 경우

[본조신설 2009.3.25.]
[제목개정 2013.7.30.]

제3절 공급자적합성확인대상전기용품 〈신설 2009.3.25.〉

제14조의3(공급자적합성확인) ① 공급자적합성확인대상전기용품의 제조업자 또는 수입업자는 산업통상자원부령으로 정하는 바에 따라 공급자적합성확인대상전기용품 모델별로 제품시험을 실시하거나 제3자에게 시험을 의뢰하여 해당 전기용품이 제2항에 따른 안전기준에 적합한 것임을 스스로 확인(이하 "공급자적합성확인"이라 한다)하여야 한다. 다만, 다음 각 호의 어느 하나에 해당하는 경우에는 공급자적합성확인을 하지 아니할 수 있다. 〈개정 2013.3.23.〉

1. 연구·개발, 수출 또는 전시 등을 목적으로 제조하거나 수입하는 공급자적합성확인대상전기용품
2. 제15조제1항에 따라 안전인증을 받은 경우
3. 그 밖에 다른 법령에 따라 안전성이 인정되는 경우로서 산업통상자원부령으로 정하는 경우

② 공급자적합성확인의 안전기준은 제11조제3항에 따른 안전기준을 준용한다.

③ 공급자적합성확인대상전기용품의 제조업자 또는 수입업자가 공급자적합성확인을 한 경우에는 산업통상자원부령으로 정하는 바에 따라 해당 제품이 제2항에 따른 안전기준에 적합하다는 사실을 증명하는 서류를 비치하여야 한다. 〈개정 2013.3.23.〉

[본조신설 2009.3.25.]

제14조의4(공급자적합성확인의 표시 등) ① 공급자적합성확인을 한 제조업자 또는 수입업자는 산업통상자원부령으로 정하는 바에 따라 해당 전기용품과 그 포장에 공급자적합성확인의 표시와 제14조의3제2항에 따른 안전기준에서 정하는 표시(이하 "공급자적합성확인의 표시등"이라 한다)를 하여야 한다. 〈개정 2013.3.23.〉

② 공급자적합성확인을 하지 아니한 자는 공급자적합성확인대상전기용품과 그 포장에 공급자적합성확인의 표시등을 하거나 이와 비슷한 표시를 하여서는 아니 된다.

③ 다음 각 호의 어느 하나에 해당하는 자는 공급자적합성확인의 표시등을 임의로 변경하거나 제거하여서는 아니 된다.

1. 제13조제3항제1호부터 제3호까지의 자
2. 공급자적합성확인대상전기용품을 부분품이나 부속품으로 사용하여 전기용품을 제조하는 자
3. 공급자적합성확인대상전기용품의 수입·판매·대여업자

[본조신설 2009.3.25.]

제14조의5(공급자적합성확인의 표시등이 없는 공급자적합성확인대상전기용품의 판매·사용 등의 금지) ① 공급자적합성확인대상전기용품의 제조업자와 수입·판매·대여업자

는 공급자적합성확인의 표시등이 없는 공급자적합성확인대상전기용품을 판매·대여하거나 판매·대여할 목적으로 수입·진열 또는 보관하여서는 아니 된다.
② 제14조의4제3항제1호 및 제2호의 자는 공급자적합성확인의 표시등이 없는 공급자적합성확인대상전기용품을 사용하여서는 아니 된다.
③ 전기용품판매중개업자 및 전기용품구매·수입대행업자는 공급자적합성확인의 표시등이 없는 공급자적합성확인대상전기용품의 판매를 중개하거나 구매 또는 수입을 대행하여서는 아니 된다.
[본조신설 2009.3.25.]
제14조의6(공급자적합성확인의 표시등 사용금지 등) 산업통상자원부장관은 공급자적합성확인대상전기용품의 제조업자 또는 수입업자가 다음 각 호의 어느 하나에 해당하면 산업통상자원부령으로 정하는 바에 따라 6개월 이내의 범위에서 공급자적합성확인의 표시등 사용금지조치 또는 개선명령을 할 수 있다. 〈개정 2013.3.23.〉
1. 거짓이나 그 밖의 부정한 방법으로 공급자적합성확인을 한 경우
2. 공급자적합성확인대상전기용품이 제14조의3제2항에 따른 안전기준에 맞지 아니한 경우
3. 공급자적합성확인의 표시등을 하지 아니하거나 거짓으로 표시한 경우
4. 제19조제3항 또는 제6항에 따른 명령을 위반한 경우
[본조신설 2009.3.25.]

제4절 그 밖의 전기용품 〈개정 2009.3.25.〉
제15조(그 밖의 전기용품의 안전인증) ① 안전인증대상전기용품·안전확인대상전기용품 및 공급자적합성확인대상전기용품 외의 전기용품(이하 "그 밖의 전기용품"이라 한다)의 제조업자는 안전인증기관으로부터 해당 전기용품의 모델별로 안전인증을 받을 수 있다. 〈개정 2009.3.25., 2011.3.30., 2013.7.30.〉
② 안전인증기관은 제1항에 따라 안전인증을 받으려는 전기용품이 다음 각 호에 해당하면 안전인증을 하여야 한다. 〈개정 2008.2.29., 2013.3.23.〉
1. 안전인증기관이 산업통상자원부장관의 승인을 받아 정한 안전기준(승인을 받은 안전기준이 없으면 해당 전기용품의 안전에 관한 국제규격)에 적합한 경우
2. 해당 전기용품의 제조업자가 그 전기용품의 안전을 계속적으로 보증할 수 있는 제조설비·검사설비와 기술능력 등을 갖춘 경우
③ 제1항에 따라 안전인증을 받은 자는 해당 전기용품과 그 포장에 안전인증의 표시등을 할 수 있다.
④ 그 밖의 전기용품에 대하여 제1항에 따른 안전인증을 받지 아니한 자는 해당 전

기용품과 그 포장에 안전인증의 표시등을 하거나 이와 비슷한 표시를 하여서는 아니 된다. 〈개정 2009.3.25.〉

⑤ 안전인증기관은 제1항에 따른 안전인증의 방법, 절차 등에 관한 업무 규정을 정할 수 있다.

제15조의2 삭제 〈2010.2.4.〉

제15조의3 삭제 〈2010.2.4.〉

제3장 삭제 〈2010.2.4.〉

제16조 삭제 〈2010.2.4.〉

제17조 삭제 〈2010.2.4.〉

제4장 보칙

제18조 삭제 〈2010.2.4.〉

제19조(안전인증대상전기용품등의 개선·파기·수거명령 등) ① 시·도지사는 안전인증대상전기용품이 다음 각 호의 어느 하나에 해당하면 그 안전인증대상전기용품의 제조업자 또는 수입·판매·대여업자에게 대통령령으로 정하는 바에 따라 일정한 기간을 정하여 그 안전인증대상전기용품의 개선·파기 또는 수거(收去)를 명할 수 있다.

1. 제3조제1항 및 제2항에 따른 안전인증 또는 안전인증의 변경을 받지 아니한 경우
2. 제3조제3항에 따른 안전인증대상전기용품의 안전기준에 적합하지 아니한 경우(제5조제2항에서 준용하는 경우를 포함한다)
3. 제5조제1항에 따른 안전검사를 받지 아니한 경우
4. 제5조제1항에 따른 안전검사를 받지 아니하거나 제6조제2항을 위반하여 안전인증 또는 안전인증의 면제를 받지 아니한 안전인증대상전기용품과 그 포장에 안전인증의 표시등을 하거나 이와 비슷한 표시를 한 경우

② 시·도지사는 안전확인대상전기용품이 다음 각 호의 어느 하나에 해당하면 그 안전확인대상전기용품의 제조업자 또는 수입·판매·대여업자에게 대통령령으로 정하는 바에 따라 일정한 기간을 정하여 그 안전확인대상전기용품의 개선·파기 또는 수거를 명할 수 있다. 〈개정 2009.3.25., 2013.7.30.〉

1. 제11조제1항 및 제2항에 따른 신고 또는 변경신고를 하지 아니한 경우
2. 제11조제3항에 따른 안전확인대상전기용품의 안전기준에 적합하지 아니한 경우(제12조제2항에서 준용하는 경우를 포함한다)
3. 제12조제1항에 따른 안전검사를 받지 아니한 경우
4. 제12조제1항에 따른 안전검사를 받지 아니하거나 제13조제2항을 위반하여 안전

확인신고등을 하지 아니하거나 안전확인신고등의 면제를 받지 아니한 안전확인대상전기용품과 그 포장에 안전확인신고등의 표시등을 하거나 이와 비슷한 표시를 한 경우

③ 시·도지사는 공급자적합성확인대상전기용품이 다음 각 호의 어느 하나에 해당하면 그 공급자적합성확인대상전기용품의 제조업자 또는 수입·판매·대여업자에게 대통령령으로 정하는 바에 따라 일정한 기간을 정하여 그 공급자적합성확인대상전기용품의 개선·파기 또는 수거를 명할 수 있다. 〈신설 2009.3.25.〉

1. 공급자적합성확인을 하지 아니한 경우
2. 제14조의3제2항에 따른 안전기준에 적합하지 아니한 경우
3. 제14조의4제2항을 위반하여 공급자적합성확인을 하지 아니한 공급자적합성확인대상전기용품과 그 포장에 공급자적합성확인의 표시등을 하거나 이와 비슷한 표시를 한 경우

④ 시·도지사는 안전인증대상전기용품, 안전확인대상전기용품 및 공급자적합성확인대상전기용품(이하 "안전인증대상전기용품등"이라 한다)의 제조업자 또는 수입·판매·대여업자가 제1항부터 제3항까지에 따른 개선·파기 또는 수거명령에 따르지 아니하면 대통령령으로 정하는 바에 따라 소속 공무원에게 해당 안전인증대상전기용품등을 직접 파기하거나 수거하게 할 수 있다. 이 경우 그 비용은 해당 안전인증대상전기용품등의 제조업자 또는 수입·판매·대여업자가 부담한다. 〈개정 2009.3.25., 2013.7.30.〉

⑤ 제4항에 따라 파기 또는 수거의 업무를 수행하는 공무원은 그 권한을 표시하는 증표를 지니고 이를 관계인에게 내보여야 한다. 〈개정 2009.3.25.〉

⑥ 시·도지사는 제1항부터 제4항까지에 따른 안전인증대상전기용품등의 개선이나 파기 또는 수거만으로는 그 위해를 방지하기가 어렵다고 인정되면 대통령령으로 정하는 바에 따라 해당 안전인증대상전기용품등의 제조업자 또는 수입·판매·대여업자에게 다음 각 호의 사항을 이행할 것을 명할 수 있다. 〈개정 2009.3.25.〉

1. 언론매체 등을 통한 해당 안전인증대상전기용품등의 위해성 공표
2. 해당 안전인증대상전기용품등의 교환, 환불 또는 수리
3. 그 밖에 시·도지사가 그 위해를 방지하기 위하여 필요하다고 인정하는 사항

제20조(보고와 검사 등) ① 산업통상자원부장관 또는 시·도지사는 전기용품의 안전관리를 위하여 필요하다고 인정하면 대통령령으로 정하는 바에 따라 다음 각 호의 자에 대하여 해당 전기용품의 제조, 판매, 대여, 사용 등에 관한 보고를 하게 하거나 소속 공무원으로 하여금 사무소·공장·사업장·가게 또는 창고나 그 밖에 필요한 장소에 출입하여 전기용품의 제조설비·검사설비, 전기용품, 서류·장부, 그 밖의 물건을 검사하거나 관계인에게 질문하게 할 수 있다. 〈개정 2008.2.29., 2009.3.25., 2013.3.23.〉

1. 안전인증대상전기용품등의 제조업자
2. 제6조제3항 각 호의 자
3. 제13조제3항 각 호의 자
4. 제14조의4제3항 각 호의 자

② 산업통상자원부장관 또는 시·도지사는 제1항에 따른 검사(질문을 포함한다. 이하 이 항에서 같다)를 하려면 검사 7일 전까지 검사의 일시, 이유 및 내용 등이 포함된 검사계획을 해당 관계인에게 알려야 한다. 다만, 긴급한 경우나 사전에 통지를 하면 증거인멸 등으로 검사의 목적을 달성할 수 없다고 인정되는 경우에는 그러하지 아니하다. 〈개정 2008.2.29., 2013.3.23.〉

③ 제1항에 따라 출입·검사 또는 질문을 하는 공무원은 그 권한을 표시하는 증표를 지니고 이를 관계인에게 내보여야 하고, 출입 시 해당 공무원의 성명, 출입 시간 및 출입 목적 등이 적혀 있는 문서를 관계인에게 교부하여야 한다.

제21조(수수료) ① 다음 각 호의 어느 하나에 해당하는 자는 대통령령으로 정하는 바에 따라 수수료를 내야 한다. 〈개정 2011.3.30., 2013.7.30.〉

1. 제3조제1항 각 호 외의 부분 본문에 따른 안전인증을 받으려는 자
2. 제3조제1항제1호에 따른 안전인증의 면제확인을 받으려는 자
3. 제3조제2항에 따른 안전인증의 변경을 받으려는 자
4. 제4조제1항에 따른 정기검사를 받으려는 자
5. 제5조제1항에 따른 안전검사를 받으려는 자
6. 제11조제1항 각 호 외의 부분 본문에 따른 안전확인신고등을 하려는 자
7. 제11조제1항제1호에 따른 안전확인의 면제확인을 받으려는 자
8. 제11조제2항에 따른 안전확인의 변경신고를 하려는 자
9. 제12조제1항에 따른 안전검사를 받으려는 자
10. 제15조제1항에 따른 안전인증을 받으려는 자
11. 안전인증기관 및 안전확인시험기관의 지정을 받으려는 자

② 다음 각 호의 어느 하나에 해당하는 자는 대통령령으로 정하는 범위에서 해당 시·도의 조례로 정하는 바에 따라 수수료를 내야 한다. 〈신설 2011.3.30., 2013.7.30.〉

1. 제3조제1항제1호의2에 따른 안전인증의 면제확인을 받으려는 자
2. 제11조제1항제1호의2에 따른 안전확인의 면제확인을 받으려는 자

제22조(청문) 산업통상자원부장관은 제10조 및 제11조의2제3항에 따라 안전인증기관 및 안전확인시험기관의 지정을 취소하려면 청문을 하여야 한다. 〈개정 2008.2.29., 2013.3.23., 2013.7.30.〉

제23조(권한의 위임·위탁) ① 이 법에 따른 산업통상자원부장관의 권한은 대통령령으

로 정하는 바에 따라 그 일부를 소속 기관의 장이나 시·도지사에게 위임할 수 있다. 〈개정 2008.2.29., 2013.3.23.〉

② 이 법에 따른 산업통상자원부장관의 권한 중 다음 각 호의 어느 하나에 해당하는 업무의 전부 또는 일부를 대통령령으로 정하는 바에 따라 관련 업무를 수행하는 기관이나 단체의 장에게 위탁할 수 있다. 〈개정 2008.2.29., 2009.3.25., 2013.3.23., 2013.7.30.〉

1. 제3조제1항제1호에 따른 안전인증대상전기용품의 면제확인에 관한 업무
2. 제11조제1항 각 호 외의 부분 본문에 따른 안전확인의 신고에 관한 업무
3. 제11조제1항제1호에 따른 안전확인대상전기용품의 면제확인에 관한 업무
4. 제11조제2항에 따른 안전확인의 변경신고에 관한 업무
5. 제14조의2에 따른 안전확인신고등의 표시등 사용금지 등에 관한 업무
6. 제14조의6에 따른 공급자적합성확인의 표시등 사용금지 등에 관한 업무
7. 제20조에 따른 보고, 검사 및 질문 등에 관한 업무(위탁사무 처리에 필요한 경우에 한한다)

③ 시·도지사는 제1항에 따라 위임받은 권한의 일부를 산업통상자원부장관의 승인을 받아 시장·군수 또는 구청장(자치구의 구청장을 말한다)에게 재위임할 수 있다. 〈개정 2008.2.29., 2013.3.23.〉

제24조(벌칙 적용 시의 공무원 의제) 안전인증기관, 안전확인시험기관 또는 제23조제2항에 따라 위탁받은 업무에 종사하는 기관이나 단체의 임직원은 「형법」 제129조부터 제132조까지의 규정을 적용할 때에는 공무원으로 본다. 〈개정 2013.7.30.〉

제5장 벌칙

제25조(벌칙) 다음 각 호의 어느 하나에 해당하는 자는 3년 이하의 징역 또는 3천만원 이하의 벌금에 처한다. 〈개정 2008.3.28., 2009.3.25., 2013.7.30.〉

1. 거짓이나 그 밖의 부정한 방법으로 제3조제1항에 따른 안전인증을 받은 자, 제5조제1항에 따른 안전검사를 받은 자, 제11조제1항에 따른 안전확인신고등을 한 자, 제12조제1항에 따른 안전검사를 받은 자 또는 공급자적합성확인을 한 자
2. 제3조제1항을 위반하여 안전인증을 받지 아니하고 안전인증대상전기용품을 제조한 자, 제5조제1항을 위반하여 안전검사를 받지 아니하고 중고 안전인증대상전기용품을 수입한 자, 제11조제1항을 위반하여 안전확인신고등을 하지 아니하고 안전확인대상전기용품을 제조하거나 수입한 자, 제12조제1항을 위반하여 안전검사를 받지 아니하고 중고 안전확인대상전기용품을 수입한 자 또는 제14조의3제1항을 위반하여 공

급자적합성확인을 하지 아니하고 공급자적합성확인대상전기용품을 제조하거나 수입한 자

3. 제3조제3항을 위반하여 안전인증을 한 자, 제5조제2항에 따른 안전기준을 위반하여 안전검사를 한 자, 제11조제3항에 따른 안전기준을 위반하여 안전확인시험을 한 자 또는 제12조제2항을 위반하여 안전검사를 한 자

4. 제6조제2항을 위반하여 안전인증의 표시등을 하거나 이와 비슷한 표시를 한 자, 제13조제2항을 위반하여 안전확인신고등의 표시등을 하거나 이와 비슷한 표시를 한 자 또는 제14조의4제2항을 위반하여 공급자적합성확인의 표시등을 하거나 이와 비슷한 표시를 한 자

5. 제7조제1항을 위반하여 안전인증의 표시등이 없는 안전인증대상전기용품을 판매·대여하거나 판매·대여할 목적으로 수입·진열 또는 보관한 자, 제14조제1항을 위반하여 안전확인신고등의 표시등이 없는 안전확인대상전기용품을 판매·대여하거나 판매·대여할 목적으로 수입·진열 또는 보관한 자 또는 제14조의5제1항을 위반하여 공급자적합성확인의 표시등이 없는 공급자적합성확인대상전기용품을 판매·대여하거나 판매·대여할 목적으로 수입·진열 또는 보관한 자

5의2. 제7조제3항을 위반하여 안전인증의 표시등이 없는 안전인증대상전기용품의 판매를 중개하거나 구매 또는 수입을 대행한 자, 제14조제3항을 위반하여 안전확인신고등의 표시등이 없는 안전확인대상전기용품의 판매를 중개하거나 구매 또는 수입을 대행한 자 또는 제14조의5제3항을 위반하여 공급자적합성확인의 표시등이 없는 공급자적합성확인대상전기용품의 판매를 중개하거나 구매 또는 수입을 대행한 자

6. 거짓이나 그 밖의 부정한 방법으로 제9조제1항 및 제11조의2제1항에 따라 안전인증기관이나 안전확인시험기관으로 지정을 받고 안전인증이나 안전검사 또는 안전확인시험을 한 자

7. 제9조제1항 및 제11조의2제1항에 따라 안전인증기관이나 안전확인시험기관으로 지정을 받지 아니하고 안전인증이나 안전검사 또는 안전확인시험을 한 자(제3조제1항제3호에 따라 제품시험을 실시한 제조업자와 제11조제1항제3호에 따라 안전확인시험을 실시한 제조업자 또는 수입업자는 제외한다)

8. 제10조제1항 및 제11조의2제3항에 따라 안전인증기관이나 안전확인시험기관의 지정이 취소된 후 또는 업무정지 기간 중에 안전인증이나 안전검사 또는 안전확인시험을 한 자

제25조의2(벌칙) 다음 각 호의 어느 하나에 해당하는 자는 2년 이하의 징역 또는 2천만원 이하의 벌금에 처한다.

1. 제6조제3항을 위반하여 안전인증의 표시등을 임의로 변경하거나 제거한 자, 제13

조제3항을 위반하여 안전확인신고등의 표시등을 임의로 변경하거나 제거한 자 또는 제14조의4제3항을 위반하여 공급자적합성확인의 표시등을 임의로 변경하거나 제거한 자

2. 제15조제4항을 위반하여 안전인증대상전기용품등 외의 전기용품과 그 포장에 안전인증의 표시등을 하거나 이와 비슷한 표시를 한 자

[본조신설 2014.1.21.]

제26조(벌칙) 다음 각 호의 어느 하나에 해당하는 자는 1천만원 이하의 벌금에 처한다. 〈개정 2009.3.25., 2013.7.30.〉

1. 제4조제2항에 따른 자체검사를 실시하지 아니한 자
2. 삭제 〈2014.1.21.〉
3. 제7조제2항을 위반하여 안전인증의 표시등이 없는 안전인증대상전기용품을 사용한 자, 제14조제2항을 위반하여 안전확인신고등의 표시등이 없는 안전확인대상전기용품을 사용한 자 또는 제14조의5제2항을 위반하여 공급자적합성확인의 표시등이 없는 공급자적합성확인대상전기용품을 사용한 자
4. 제8조제2항을 위반하여 안전인증을 한 자
5. 제15조제2항을 위반하여 안전인증을 한 자
6. 삭제 〈2014.1.21.〉
7. 제19조제1항·제2항·제3항 또는 제6항에 따른 명령을 이행하지 아니한 자

제27조(양벌규정) 법인의 대표자나 법인 또는 개인의 대리인, 사용인, 그 밖의 종업원이 그 법인 또는 개인의 업무에 관하여 제25조 또는 제26조의 위반행위를 하면 그 행위자를 벌하는 외에 그 법인 또는 개인에게도 해당 조문의 벌금형을 과(科)한다. 다만, 법인 또는 개인이 그 위반행위를 방지하기 위하여 해당 업무에 관하여 상당한 주의와 감독을 게을리하지 아니한 경우에는 그러하지 아니하다.

[전문개정 2008.12.26.]

제28조(과태료) ① 다음 각 호의 어느 하나에 해당하는 자에게는 500만원 이하의 과태료를 부과한다. 〈개정 2009.3.25., 2011.3.30.〉

1. 제4조제1항에 따른 정기검사를 거부·방해 또는 기피한 자
2. 제4조제2항에 따른 자체검사의 기록을 거짓으로 작성·보관한 자
3. 제11조제4항 또는 제14조의3제3항을 위반하여 안전기준에 적합하다는 사실을 증명하는 서류를 비치하지 아니하거나 거짓으로 비치한 자
4. 제20조제1항에 따른 보고를 하지 아니하거나 거짓으로 보고한 자
5. 제20조제1항에 따른 검사나 질문을 거부·방해 또는 기피한 자

② 제1항에 따른 과태료는 대통령령으로 정하는 바에 따라 산업통상자원부장관 또는

시·도지사가 부과·징수한다. 〈개정 2008.2.29., 2013.3.23.〉
③ 삭제 〈2009.3.25.〉
④ 삭제 〈2009.3.25.〉
⑤ 삭제 〈2009.3.25.〉

III. 전기용품 및 생활용품 안전관리제도 혜택

1. 기업 내 효과

- 조달청 우수제품 선정 시 가점 수혜(35점)
- 국방조달본부, 각 공공기관 입찰시 가점 수혜(0.5~2점)
- 기술보증기금의 기술우대보증 혜택 - 보증비율 우대(85%)
- 제조물 책임 배상보험에 단체가입시 보험료 28% 할인혜택(동부화재)
- 정부의 행정정보 다기능사무기기 (컴퓨터, 프린터 등) 적합성 요건 인증
- KTL의 각종 시험 수수료(일반시험, 검교정) 감면혜택(10%)

-국내시장에 진입하는 화학물질 확인과 유해성 등 안전사용에 필요한 정보를 사전에 확보하고 공유할 수 있다.

-위해물질 인증 등 규제이행주체간의 규제비용 분담 합리화

- 신개발 전기용품에 대한 신속한 인증을 통하여 기업의 시장진입이 보다 원활해질 것으로 기대된다.

-자체검사 기록의 작성·보관 의무의 내용 중 작성·보관을 하지 아니한 경우에는 과태료 대상에서 제외하고 행정제재만 하도록 함으로써 기업의 부담을 경감하는 효과가 기대된다.

이름	마크	나라
1. 소비자	인증마크의 혼란(55%), 대표마크도입 필요성(49%)	중복된 인증마크 사용으로 인한 혼란을 해결해줍니다
2. 기업	인증비용 65%절감, 소요기간은 27%단축	One Stop 인증시스템에 따른 기업의 경제적 부담과 인증소요기간이 단축됩니다.

2. 국민에게 주는 혜택

-전기용품 및 생활용품의 위해로부터 국민의 생명, 신체 및 재산을 보호한다.
-소비자의 이익과 안전을 도모한다.
-유해화학물질 지정에 관한 사항을 규정하고, 화학물질에 대한 정보를 생산·활용하여 국민건강 및 환경을 보호한다.
- 인터넷을 통한 판매업자 등에게 인터넷 홈페이지에 제품안전 관련 정보를 게시하도록 하여 소비자에게 관련 정보를 제공함으로써 안전관리대상제품의 안전성 유지를 위한 감독을 강화한다.

3. 실질적 효과

KC 마크를 도입하면 인증 심사절차의 간소화 및 중복인증 해소로 인증 비용은 제품당 평균 3,800만원에서 1,300만원으로 절감되고 인증 소요기간도 평균 5.5개월에서 4개월로 단축되는 것으로 분석됐다. 또 총 7조3,000억원의 매출액 증가와 6만8,000여명의 고용효과를 기대할 수 있다.

또한 소비자안전의 입법목적과 소상공인 규제부담의 합리화라는 목적을 조화시켜 법제 선진화에 기여할 것으로 기대한다.

Ⅳ. 전기용품 및 생활용품 안전관리제도와 유사한 제도

1. KS 인증제도

(1) 제도의 정의

KS마크란 산업표준화법에 따라 한국표준협회가 시험을 거쳐 산업표준이라고 인정하는 제품, 서비스, 농수축물 가공식품에 부여하는 법정임의 인증마크이다. 이는 광공업품의 품질을 개선하고, 생산공정을 단순, 통일화함으로써 산업표준화를 확립하여 경제적 효율을 극대화하고 산업경쟁력 향상과 국가 경제발전을 위해 마련되었다. 따라서 KS마크는 광공업품의 부품, 성분, 재질 등을 통일화하고 단순화하여 한국 산업표준으로 정해 놓음으로써 기업이 표준화된 제품을 생산하고 있는지를 검사해 인증해 주는 일종의 품질 보증서로, 제품의 품질을 평가하고 일정한 수준에 이른 제품에 부여된다.

(2) 제도의 인증 대상

국가 신재생에너지 보급 목표의 효율적 달성과 공공의 안전성 및 소비자 보호를 위하여 정부가 정한 KS표준에 맞는 제품의 생산과 유통의 필요성이 있는 설비.

설비 구분	KS인증 대상	품목 표준번호
1. 태양열	① 태양열 집열기	KS B 8295
	② 태양열 온수기	KS B 8296
2. 태양광	① 소형 태양광발전용 인버터(10 kW 이하)	KS C 8564
	② 중대형 태양광발전용 인버터(250 kW 이하)	KS C 8565
	③ 결정질 실리콘 태양광발전 모듈(성능)	KS C 8561
	④ 박막 태양광발전 모듈(성능)	KS C 8562
3. 풍력	① 소형 풍력터빈(회전자 면적 200 m2 미만)	KS C 8570
	② 소형 풍력터빈용 인버	KS C 8571

	터(30 kW 미만)	
	③ 중대형 풍력터빈(육상용) (회전자 면적 200 m2 이상)	KS C 8572
	④ 중대형 풍력터빈(해상용) (회전자 면적 200 m2 이상)	KS C 8573
4. 지열	① 물-물 지열원 열펌프 유닛(530 kW 이하)	KS B 8292
	② 물-공기 지열원 열펌프 유닛(175 kW 이하)	KS B 8293
	③ 물-공기 지열원 멀티형 열펌프 유닛(175 kW 이하)	KS B 8294
5. 연료전지	① 고분자 연료전지 시스템(10 kW 이하)	KS C 8569
6. 바이오	① 목재 펠릿 보일러(58.14 kW 이하)	KS B 8901
7. 기타	① 축전지(4,000 A 이하)	KS C 8575

(3) 제도의 인증절차

1) 인증기준
- 인증신청제품의 KS 및 해당 KS의 인증심사기준
- 공장심사보고서의 심사사항 및 평가항목(33개)

2) 인증심사 일반사항
 - 서류 검토 완료 시 인증기관은 인증심사반 편성 후 인증신청자에 통보
 - 심사일수는 1개 품목의 경우 1일, 2~3개 품목은 2일 이하, 외국 소재 공장은 1개 품목당 2일을 기준으로 한다

3) 심사방법
- 공장심사는 공장운영에 관한 기록에 대해 KS 및 해당 인증심사기준의 적합성 여부를

심사
- 제품심사는 공장심사 종결 후 인증심사반이 시료를 채취하며, 인증신청자는 지정 시험기관에 제품시험을 의뢰
- 부적합 사항 개선조치에는 일반품질 부적합과 핵심품질 부적합이 있다
(일반품질 부적합) 인증신청자는 '부적합 개선조치 보고서'를 작성하여 인증기관에 제출, 조치가 완료된 것으로 판정되는 경우 제품심사 등 후속 인증심사 절차를 진행
(핵심품질 부적합) 인증기관은 인증신청자의 '부적합 개선조치 보고서'에 대한 현장 확인 심사 실시

(4) 제도의 효과

인증기업의 경쟁력 제고, 공공의 안정성 확보 및 소비자 보호, 물품 구매기준으로의 활용, 유통 및 시공 등의 단순화·투명화 등이 대표적 효과이다.

- 인증기업의 경쟁력 제고
KS 인증 취득 및 유지 시에 조직 구성원 모두가 참여하는 과학적·합리적 관리를 통하여 품질 고급화, 생산성 향상, 불량률 감소, 원가절감 등을 실현하여 인증기업의 경쟁력을 높일 수 있다.

- 공공의 안정성 확보 및 소비자 보호
국가 표준에 적합한 제품을 생산하여 검사를 실시한 후, 합격된 제품만 유통시킴으로써 공공의 안정성을 확보하고 소비자를 보호하며, 제품 불량 사고등을 사전에 예방하여 국민의 삶의 질을 향상시킬 수 있다.

- 물품 등의 구매 기준으로 활용
국가, 지방자치단체, 공공기관, 공공단체 및 대형 건설 공사 현장 등에서 물품을 구매하고자 할 때 별도의 품질 확인 절차를 생략하고 KS 인증제품 또는 서비스를 구매함으로써, 생산자 및 소비자 모두에게 시간과 비용을 절약할 수 있도록 하여 우리나라 산업 경쟁력을 제고시킨다.

- 유통 및 시공 등의 단순화·투명화KS에 따라 표준화된 제품을 생산, 보급함으로 외관, 치수, 호칭, 등급 등이 표준화된 제품이 유통되어 거래가 투명화 되고 제품설계 및 시공 등이 편리해지는 효과를 기대할 수 있다.

2. K마크[6]

(1) 제도의 정의

K마크 인증제도는 공산품의 품질 수준을 평가(시험, 검사)하여 인증하는 제도로써 기술개발 촉진, 품질 향상과 소비자 선택의 편리성 및 부실 제작, 시공으로부터 사용자 보호를 위한 제3자적인 입장에서 객관적으로 평가 인증하는 제도이다.

(2) 제도의 인증 대상

1) 기계 및 화학제품
- 기계류 : 공작기계, 산업기계, 공조기계, 승강기 및 부품류, 음식물쓰레기 감량화처리기 등
- 재료 및 화학 제품류 : 세라믹, PE제품, 수지류 제품, 고무제품 등
건설 및 토목 제품
- 토목. 건축 기자재류 : 상하수도관, 블럭류, 창호세트, 맨홀류 등
- 도로교통 시설물: 볼라드, 방음판, 가드레일, 충격흡수시설 등

2) 전기전자제품
- 전기전자 기기 : 음향기기, 가전기기, 전기장치, 전기부품 류 등
- 측정 및 계측기기류 : 환경계측기, 전기계측기, 정밀계측기 등
- IT기기 : 컴퓨터, 프린터, 프로젝터, 정보처리장치 등

3) 의료제품
- 의료기기 : 심박수계, 체지방분석기, 요화학분석기 등

4) 스포츠용품
- 러닝머신, 야외운동기구, 패러글라이더 등

5) 신개발품
- 일정한 품질인증기준이 없고 제품의 인지도를 높이려는 제품 및 부품

---

[6] [출처] 한국산업기술시험원

(3) 제도의 인증절차

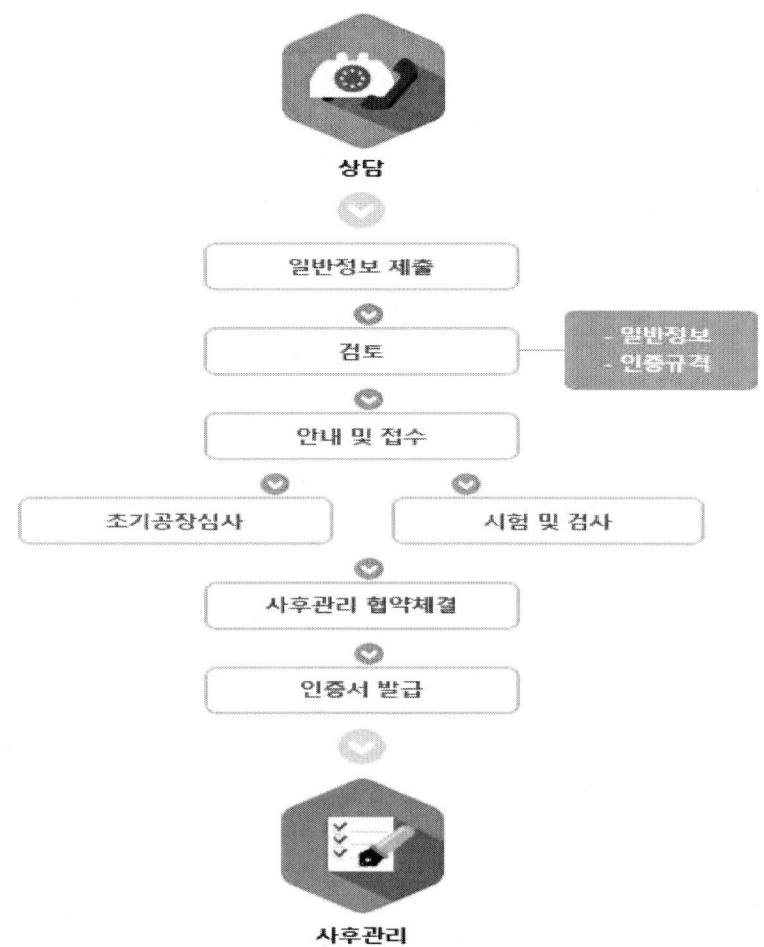

(4) 제도의 효과

- 조달청 우수제품 선정 시 가점 수혜(최대 50점)
- 기술보증기금의 기술우대보증 혜택 - 보증비율 우대(85%)
- 제조물 책임 배상보험에 단체가입시 보험료 28% 할인혜택(동부화재)
- 정부의 행정정보 다기능사무기기 (컴퓨터, 프린터 등) 적합성 요건 인증

V. 전기용품 및 생활용품 안전관리제도 Q&A

1. Q&A

Q1. '안전기준준수대상 생활용품'이란 무엇인가요?
A1. 「전기용품 및 생활용품 안전관리법」은 안전관리대상 제품을 위해도에 따라 ① 안전인증대상 (전기용품, 생활용품) ② 안전확인대상 (전기용품, 생활용품) ③ 공급자적합성확인대상 (전기용품, 생활용품) 등 3단계로 관리해 오고 있습니다.

Q2. 어떤 품목이 안전기준준수대상 생활용품에 해당하나요?
A2. 가정용 섬유제품 (성인용 의류, 속옷, 침구류 등), 가죽제품 (가죽으로 만든 가방, 의류, 지갑 등) 등 23개 품목이 안전기준준수대상 생활용품입니다.

Q3. 안전기준준수대상 생활용품은 KC마크를 붙이지 않아도 되니까 그냥 마음대로 만들거나 수입해서 팔아도 되나요?
A3. 아닙니다. 품목별로 정부가 정한 안전기준을 지켜야 하며, 이를 지키지 않았을 경우 정부·지자체로부터 과태료, 판매금지 등 제재를 받게 됩니다.

Q4. 안전기준을 잘 알지 못하는데 어떻게 확인할 수 있나요?
A4. 안전기준준수대상 생활용품을 포함하여 「전기용품 및 생활용품 안전관리법」이 관리하는 모든 품목별 안전기준은 국가기술표준원장이 고시하고 있습니다.
국가기술표준원 홈페이지에 들어가시면 품목별 안전기준을 쉽게 확인하실 수 있습니다 (국가기술표준원 홈페이지(www.kats.go.kr) →정책 → 제품안전 → 안전기준열람 → 품목별안전기준 다운로드).

Q5. 안전기준준수대상 생활용품에 "이 제품은 전기용품 및 생활용품안전관리법에 따른 안전기준을 준수한 제품입니다"라고 표시하는 것은 가능한가요?
A5. 가능합니다. KC마크는 붙이지 않아야 하나, 안전성이 확인된 제품에 대해 "이 제품은 전기용품 및 생활용품 안전관리법에 따른 안전기준을 준수한 제품입니다"라는 문구를 표시하는 것은 가능합니다.

Q6. 어린이용 섬유제품에 대해서도 안전성 검증을 위한 제품시험 및 KC마크 표시를 안해도 되나요?
A6. 아닙니다. 어린이용 의류 제품 (만 13세 이하가 사용)은 「어린이제품 안전특별법」에 따라 앞으로도 반드시 제품시험 및 KC마크 표시를 해야 합니다.

Q7. 안전기준준수대상 생활용품에 KC마크를 붙일 경우 처벌을 받나요?
A7. 처벌을 받을 수 있습니다.

Q8. KC마크 적용은 언제부터 인가요?
A8. "방송통신기자재등의 적합성평가에 관한 고시" 부칙 제4조(경과조치) ③항에 따라 2011. 6. 30.까지는 기존 KCC 마크와 병행 사용이 가능하고 2011. 7. 1.부터 출고하거나 수입 통관하는 기자재는 새로운 인증마크인 KC마크를 사용하여야 합니다.

Q9. 전파법과 전기용품안전관리법에 의해서 인증을 모두 받은 경우와 인증 받은 무선송수신용 모듈(RF 모듈)이 구성품으로 사용된 경우 인증표시는 어떻게 하나요?
A9. "방송통신기자재등의 적합성평가에 관한 고시" 별표5의2(표시방법) "사"호에 의거 식별부호가 하나 이상일 경우에는 기본도안 하나에 각각의 식별부호를 표시해야 합니다. 적합성평가를 받은 무선 송·수신용 부품의 식별부호가 완제품의 잘 보이는 곳에 표시하여도 무방합니다.

Q10. 제품식별부호 지정 시 반드시 기본모델명을 포함해서 지정해야 하나요?
A10. 기존 KCC 인증번호 체계에선 제품식별부호 지정 시 반드시 기본모델명을 포함하여 14자리 이내 이여야 했지만 새로운 KC 인증번호 체계에서는 기본모델을 포함해야 한다는 규정이 없으므로 신청자가 14자리 이내에서 자유롭게 표시할 수 있습니다.

Q11. 해외 제조업체가 글로벌 판매를 위해 적합성평가표시를 영어로 표기하여 부착 및 인쇄하여도 문제는 없습니까?
A11. 적합성평가표시는 기본도안, 식별부호, 적합성평가정보로 구성되며 해당 기자재 표면 및 포장에 부착하여야 합니다. 부득이한 사정으로 인한 적합성평가정보(상호, 기자재 명칭(모델명), 제조연월, 제조자, 제조국)는 영문 표시도 가능합니다.

Q12. 인증마크의 색채번호가 고시와 다르게 사용된 경우 어떠한 처벌을 받게 되나요?
A12. 도안의 색채는 권고사항이며 처벌 규정은 없습니다. 다만, 원안에 비해 너무 다른 색채를 사용할 경우 소비자나, 단속기관으로부터 불법기기로 오인할 소지가 있으니 가급적 규정에 적합하도록 표시해야 합니다. 인증마크의 색채번호 등은 "방송통신기자재등의 적합성평가에 관한 고시" 별표5를 참고하시기 바랍니다.

Q13. 인증 면제가 가능한 병행수입제품은 어떻게 확인이 가능한가요?
A13. 병행수입제품은 해외 상표권자에 의해 생산·유통되는 제품을 상표권 침해 없이 국내 전용사용권자가 아닌 다른 자가 판매를 목적으로 수입하는 제품을 의미하며, 「지적재산권 보호를 위한 수출입통관 사무처리에 관한 고시」에 의한 상표권 침해 여부와 국내 전용사용권자 설정 여부는 사업자가 직접 확인해야 합니다.

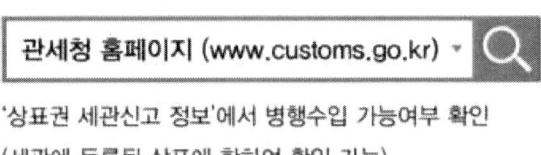

Q14. 안전인증·안전확인·공급자적합성확인은 어떤 경우에 면제가 가능한가요?
A14. 제조업자 또는 수입업자가 안전관리대상 제품을 연구·개발, 전시회 및 박람회 출품, 제품시험, 시장조사, 국제대회 등에 사용하거나 수출을 목적으로 수입·제조하는 경우 한국제품안전협회 또는 관할 시·도지사 (수출 목적용 수입)의 확인을 받아 면제가 가능합니다.

Q15. 제품의 안전인증 정보는 어디에서 확인할 수 있나요?
A15. 제품안전정보센터에서 확인할 수 있습니다 {제품안전정보센터 홈페이지 (www.safetykorea.kr) → 빠른 서비스 → 인증정보검색}.

Q16. 안전기준준수대상 생활용품에 대해 안전성 검증을 위한 제품 시험 의무가 없어졌다고는 하나, 제품시험을 하지 않고 어떻게 안전기준을 지켰는지 여부를 확인할 수 있나요?
A16. 제품시험을 하지 않고도 ① 원자재 (염료, 방수가공제 등)에 포함된 유해물질 확인 및 관리 ② 안전성이 확인된 원자재 사용 ③ 민간 자율인증 ④ 해외에서 받은 인증 등 다양한 방법을 활용하여 안전성 확인이 가능합니다.

Q17. 안전기준준수대상 생활용품에 "이 제품은 전기용품 및 생활용품 안전관리법에 따른 안전기준을 준수한 제품입니다"라고 표시하는 것은 가능한가요?
A17. 가능합니다. KC마크는 붙이지 않아야 하나, 안전성이 확인된 제품에 대해 "이 제품은 전기용품 및 생활용품 안전관리법에 따른 안전기준을 준수한 제품입니다"라는 문구를 표시하는 것은 가능합니다.

Q18. 안전기준준수대상 생활용품을 인터넷을 통하여 판매, 대여, 판매중개 또는 수입대행할 경우 인터넷상으로 소비자에게제조국, 모델명, 제조시기 등을 알려야 하나요?
A18. 「전기용품 및 생활용품 안전관리법」에는 인터넷상으로 소비자에게 그러한 정보를 알려줄 의무는 없지만, 전자상거래법 등 다른 법률에 따른 정보 게시 의무는 있을 수 있습니다.

Q19. 저렴한 가격으로 제품의 안전성을 시험할 수 있는 방법은 없나요?
A19. 소상공인이 많이 취급하는 섬유제품 (의류, 원단 등), 접촉성 금속장신구 (반지, 목걸이, 귀걸이, 팔찌 등)에 대해 2018년부터 정부와 지자체 (경기도, 부산시)가 시험장비를 공동 구축하고 시험비용 일부를 지원할 계획입니다.

Q20. 해외 사업자가 해외 사이트를 통해 국내 소비자를 대상으로 판매 또는 구매대행하는 경우 「전기용품 및 생활용품 안전관리법」의 적용을 받나요?
A20. 적용을 받습니다. 국내 소비자를 대상으로 안전관리대상 제품을 판매 또는 구매대행할 경우 ①사업자가 내국인인지, 외국인인지 ② 사업자가 국내에 있는지, 해외에 있는지 ③ 사이트가 국내 기반인지, 해외 기반인지 여부와 상관없이 모두 「전기용품 및 생활용품 안전관리법」의 적용을 받게 됩니다.

Q21. 구매대행업자가 「전기용품 및 생활용품 안전관리법」 관련 규정을 위반할 경우 어떤 제재를 받게 되나요?
A21. 인터넷을 통해 소비자에게 알려야 할 사항을 알리지 않은 경우 1천만원 이하의 과태료 처분을 받을 수 있습니다 (법 제51조제1항제5호). 제품 또는 포장에 KC마크 표시가 있어야만 구매대행이 가능한 품목인데도 불구하고 KC마크 표시가 없는 제품을 구매대행한 경우 전기용품의 경우 3년 이하의 징역 또는 3천만원 이하의 벌금 (법 제49조제1항 제12호 및 제25호), 생활용품의 경우 1천만원 이하의 과태료 (법 제51조제2항 제4호 및 제9호) 처분을 받을 수 있습니다.

Q22. 제품 자체는 KC마크 표시 없이 구매대행이 가능한 제품이나 그 제품에 포함된 부품·부속품은 KC마크가 있어야 구매대행이 가능한 부품·부속품일 경우 부품·부속품에 KC마크 표시가 없더라도 이 제품은 구매대행이 가능한가요?

A22. 가능합니다. (예: 배터리가 장착된 무선청소기, 부속품으로서 직류전원장치가 함께 포장되어 있는 TV). 다만 부품·부속품을 단독으로 구매대행하는 경우에는 반드시 KC마크 표시가 있어야만 가능합니다.

Q23. 안전기준준수대상 생활용품을 병행수입할 경우에도 제품 (또는 포장) 및 인터넷 홈페이지에 "이 제품은 병행수입 제품임" 등의 사항을 표시 내지 고지해야 하나요?

A23. 아닙니다. 병행수입업자의 표시 또는 고지 의무는 정식 수입업자가 이미 인증 받아 수입한 모델과 동일한 모델을 병행수입업자가 수입할 때 적용되는데, 안전기준준수대상 생활용품의 경우 당초에 인증이 필요 없는 제품으로서 병행수입업자의 표시 내지 고지 의무는 없습니다. 다만, 제품 또는 포장에 품목별 안전기준이 정하는 표시사항은 표시해야 합니다. 또한 「전기용품 및 생활용품 안전관리법」에는 인터넷 홈페이지에 제조국, 모델명, 제조시기 등을 게시할 의무는 없지만, 전자상거래법 등 다른 법률에 따른 정보 게시 의무가 있을 수 있습니다.

Q24. 중고 제품을 병행수입할 경우에도 인증 면제가 가능한가요?

A24. 아닙니다. 중고 제품은 병행수입 인증 면제 대상에 해당되지 않습니다. 중고 생활용품은 「전기용품 및 생활용품 안전관리법」상 안전관리 대상이 아니므로 별도 절차 없이 수입이 가능하나, 안전인증대상 및 안전확인대상 중고 전기용품은 수입하기 전에 소정의 안전검사를 받아야 합니다 (법 제8조, 제17조).

Q25. 병행수입제품이 인증을 면제 받았을 경우 병행수입업자는 제품 또는 포장에 무엇을 표시해야 하나요?

A25. 병행수입업자는 제품 또는 포장에 아래 사항을 표시해야 합니다.
1. "이 제품은 병행수입된 제품임"
2. "이 제품은 「전기용품 및 생활용품 안전관리법」에 따른 안전관리대상 제품임"
3. KC마크
4. 안전인증번호 또는 안전확인신고번호
(공급자적합성확인대상 제품일 경우 해당 없음)
5. 품목별 안전기준에 따른 표시사항

2. 용어 정리

1) 전기용품
공업적으로 생산된 물품으로서 교류 전원 또는 직류 전원에 연결하여 사용되는 제품이나 그 부분품 또는 부속품을 말한다.

2) 생활용품
공업적으로 생산된 물품으로서 별도의 가공 (단순한 조립은 제회) 없이 소비자의 생활에 사용할 수 있는 제품이나 그 부분품 또는 부속품 (전기용품은 제외)을 말한다.

3) 제조
전기용품이나 생활용품을 판매하거나 대여할 목적으로 생산, 조립하거나 가공하는 것을 말한다.

4) 제품안전관리
제품의 취급 및 사용으로 인하여 발생하는 소비자의 생명, 신체에 대한 위해, 재산상 피해나 자연환경의 훼손을 방지하기 위하여 제품의 제조, 수업, 판매 등을 관리하는 활동을 말한다.

5) 안전인증
제품시험 및 공장심사를 거쳐 제품의 안전성을 증명하는 것을 말한다.

6) 안전확인
완전확인시험기관으로부터 안전확인시험을 받아 안전기준이[적합한 것임을 확인하는 것을 말한다.

7) 공급자적합성확인
직접 제품시험을 실시하거나 제3자에게 제품시험을 의뢰하여 해당 제품의 안전기준에 적합한 것임을 스스로 확인하는 것을 말한다.

8) 제품시험
제품 자체의 안전성을 확인하기 위하여 시험하는 것을 말한다.

9) 공장심사
제품의 제조에 필요한 제조설비, 검사설비, 기술능력 및 제조체제를 평가하는 것을 말한다.

10) 안전인증대상제품
다음 각 목에 해당하는 전기용품 및 생활용품을 말한다.

가. 안전인증대상 전기용품
구조 또는 사용 방법 등으로 인하여 화재, 감전 등의 위해가 발생할 우려가 크다고 인정되는 전기용품으로서 안전인증을 통하여 그 위해를 방지할 수 있다고 인정되어 산업통상자원부령으로 정하는 것

나. 인정인증대상 생활용품
구조, 재질 또는 사용 방법등으로 인하여 소비자의 생명, 신체에 대한 위해, 재산상 피해나 자연환경의 훼손에 대한 우려가 크다고 인정되는 생활용품으로서 안전인증을 통하여 그 위해를 방지할 수 있다고 인정되어 산업통상자운부령으로 정하는 것

11) 안전확인대상제품
다음 각 목에 해당하는 전기용품 및 생활용품을 말한다.

가. 안전확인대상전기용품
구조 또는 사용방법 등으로 인하여 화재, 감전 등의 위해가 발생할 우려가 있는 전기용품으로서 산업통상자원부 장관이 지정한 기관의 제품시험을 통하여 그 위해를 방지할 수 있다고 인정되어 산업통상자원부령으로 정하는 것

나. 안전확인대상 생활용품
구조, 재질 또는 사용 방법 등으로 인항 소비자가 생명, 신체에 대한 위해, 재산상 피해나 자연환경의 훼손에 대한 우려가 있는 생활용품으로서 산업통상자원부 장관이 지정한 기관이 제품시험을 통하여 그 위해를 방지할 수 있다고 인정되어 산업통상자원부 령으로 정하는 것

12) 공급자적합성확인대상제품
다음 각 목에 해당하는 전기용품 및 생활용품을 말한다.

가. 공급자적합성확인대상 전기용품

구조 또는 사용 방법 등으로 인하여 화재, 감전 등의 위해가 발생할 가능성이 있는 전기용품으로서 제조업자 또는 수입업자가 직접 또는 제2자에게 의뢰하여 실시하는 제품을 통하여 그 위해를 방지할 수 있다고 인정되어 산업통상자원부령으로 정하는 것

나. 공급자적합성확인대상 생활용품

소비자가 취급, 사용, 운반 등을 하는 과정에서 사고가 발생하거나 위해를 lq을 사능성이 있더나 소비자가 성분, 성능, 규격등을 구별하기 곤란한 생활용품으로서 제조업자 또는 수업업자가 직접 또는 제3자에게 의뢰하여 실시하는 제품시험을 통하여 그 위해를 방지할 수 있다고 인정되어 산업통상자원부령으로 정하는 것

13) 안전기준준수대상 생활용품

소비자가 취급, 사용, 운반 등을 하는 과정에서 사고 또는 위해가 발생할 가능성은 적으나 소비자가 성분, 성능, 규격 등을 구별하기 곤란한 생활용품을 제조업자 또는 수입업자가 안전기준을 준수함으로써 그 위해를 방지할 수 있다고 인정되어 산업통상자원부령으로 정하는 것을 말한다.

14) 어린이보호 포장

성인이 개봉하기는 어렵지 아니하지만 5세 미만의 어린이가 일정 시간 내에 내용물을 꺼내기 어렵게 설계, 고안된 포장 및 용기를 말한다.

15) 어린이보호포장대상 생활용품

소비자가 마시거나 흡입하는 경우에 중독 등의 위해가 우려되는 생활용품 중 어린이보호포장의 대상이 되는 것으로 산업통상자원부령으로 정하는 것을 말한다.

16) 구매대행

개인 사용목적으로 소비자의 요청에 따라 해외에서 판매되는 제품에 대하여 주문, 대금 지급 등의 절차를 대행하여 해당 제품을 해외 판매자가 국내 소비자에게 직접 발송하도록 하는 방식의 용역을 제공하는 것을 말한다.

17) 병행수입

해외상표권자에 이해 생산, 유통되는 제품 (상표가 외국에서 적법하게 사용할 수 있는 권리가 있는 자에 의하여 부착, 배포된 상품에 한정한다)을 국내 전용사용권자가 아닌 제3자가 판매를 목적으로 수입하는 것을 말한다.

3. 사례

KC마크 부착제품 사례
   o 노동부 : 산업안전보건법에 의한 안전인증 (안전모)

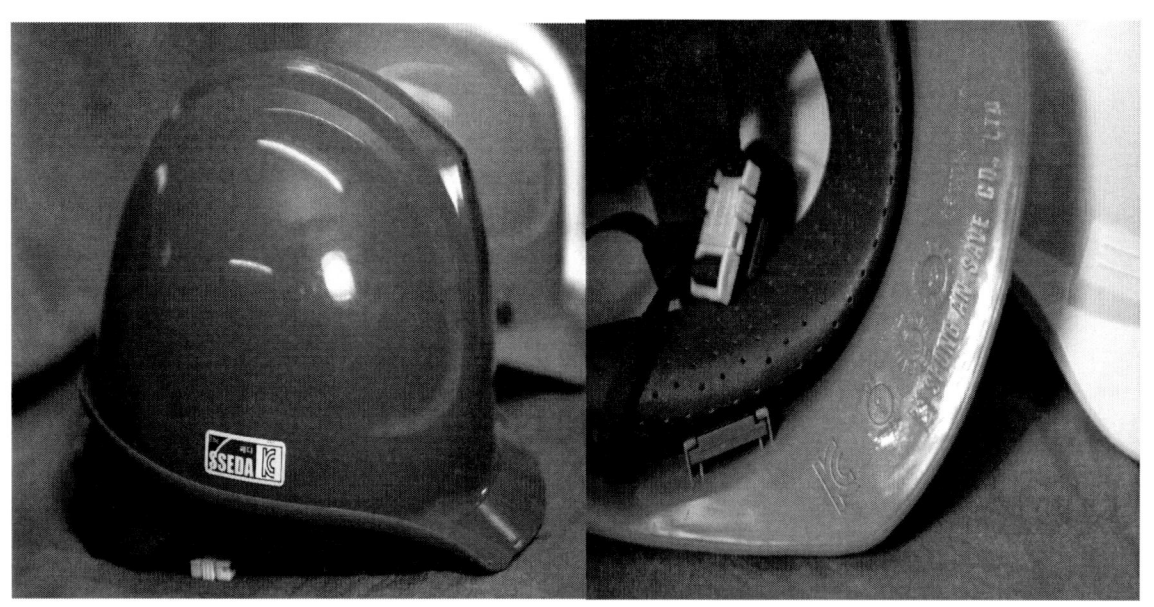

   o 지식경제부 : 전기용품안전관리법에 의한 안전인증 (직류전원장치)

VI. OX퀴즈

1. 안전기준준수대상 생활용품은 KC마크를 붙이지 않아도 되어 원하는 제품을 마음대로 수입하여 팔 수 있다.

(X)

2. 안전기준 준수대상 생활용품은 품목별로 정부가 정한 안전기준을 지켜야 하며, 이를 지키지 않았을 경우 정부·지자체로부터과태료, 판매금지 등 제재를 받게 된다.

(O)

3. 어린이용 섬유제품은 안전성 검증을 위한 제품시험 및 KC마크 표시를 안 해도 된다.

(X)

4. 어린이용 의류 제품 (만 13세 이하가 사용)은 「어린이제품 안전특별법」에 따라 반드시 제품시험 및 KC마크 표시를 해야한다.

(O)

5. 안전기준준수대상 생활용품에 KC마크를 붙일 경우 처벌을 받는다.

(O)

6. 해외 제조업체일지라도 글로벌 판매를 위해 적합성 평가표시를 영어로 표기하여 부착할 수 없다.

(X)

7. 부득이한 사정으로 인한 적합성평가정보(상호, 기자재명칭(모델명), 제조연월, 제조자, 제조국)는 영문 표시도 가능하다.

(O)

8. 휴대용 사다리는 전기용품 및 생활용품 안전관리법에 따른 공급자적합성확인대상 생활용품이다.

(O)

9. 안전기준준수대상 생활용품일 경우 KC마크를 붙혀야 한다.

(X)

10. 안전 관련 정보 (KC마크, 인증번호, 제품명, 모델명, 제조업자명 또는 수입업자명)를 소비자가 알 수 있도록 인터넷 홈페이지에 게시해야 한다.

(O)

11. 병행수입 제품이라는 이유로 인증 면제받은 경우 사이버몰에서 병행수입업자가 아래 고지사항을 게시할 수 있도록 기술적 조치를 취해야하며, 게시하지 않은 제품을 발견할 경우 즉시 삭제해야 한다.

(O)

12. 중고 제품을 병행수입할 경우에는 인증 면제가 가능하다.

(X)

13. 제품식별부호 지정 시 반드시 기본모델명을 포함해서 지정할 필요가 없다.

(O)

14. 해외 사업자가 해외 사이트를 통해 국내 소비자를 대상으로 판매 또는 구매대행하는 경우 「전기용품 및 생활용품 안전관리법」의 적용을 받지 않는다.

(X)

15. 안전기준준수대상 생활용품에 "이 제품은 전기용품 및 생활용품안전관리법에 따른 안전기준을 준수한 제품입니다"라고 표시하는 것은 가능하다.

(O)

VII. 결론

우리나라는 1974년부터 전기용품 안전관리법을 제정 공포하여 현재까지 시행하며 급격한 산업발전으로 인해 문제를 야기할 만큼 계속된 성장을 거두고 있다. 그럼에도 불구하고 전기용품의 화재, 감전에 의한 재해 발생률이 다른 선진국들에 비해 훨씬 높은 수준의 재해발생률을 보이고 있는 실정이다. 그렇기 때문에 전기용품을 판매·수출 하기 전에 확실한 검증을 통하여 사고를 예방해야 하기 때문에 안전인증제도에 대해서 보다 더 확실하고 자세한 정보가 국민에게 전달되어야 한다.[7]

그리하여 「전기용품 안전관리법」은 전기용품의 안전관리를 위하여 다양한 수단을 도입하고 있다. 동 법률은 전기용품의 위험성 정도에 따라 안전인증대상, 자율안전확인신고대상 및 공급자 적합성 선언으로 구분함으로써 사업자의 기본권 보호와 소비자의 안전을 확보하고 있다. 전기용품의 안전관리는 일차적으로 전기용품이 국내시장에 출시되기 전에 안전성을 국가에 의하여 통제하는 사전예방원칙의 실현에서 출발하여야 한다. 안전인증제도, 자율안전확인신고제도 및 공급자 적합성 선언제도는 바로 전기용품이 시장에 출시되기 전에 안전성을 담보하기 위한 제도에 해당하며 이를 지키도록 꾸준히 감시하는 것은 사회의 몫이다.

---

7) [출처] 학술자료_전기 및 생활용품 안전인증제도의 개선방안에 대한 연구

도 서 명: 행정사 실무를 위한 전기용품 및 생활용품 안전관리법과 제도
저　　자: 한국기술인증협회
초판발행: 2021년 10월 1일
발　　행: 비피기술거래
발 행 인: 박기혁
등록번호: 제2016-000034호
주　　소: 서울특별시 영등포구 버드나루로 130 1층 104호(당산동, 강변래미안)
Tel.(02) 535-4960 Fax.(02)3473-1469

Email. kyoceram@naver.com

BP기술거래 베스트셀러 LIST 10

만화 김영란법 Q&A

저자 김상묵 / 30,000 원

동호인 테니스를 이기는 절대적인 방법 발리 [VOLLEY]

저자 박기혁 / 25,000 원

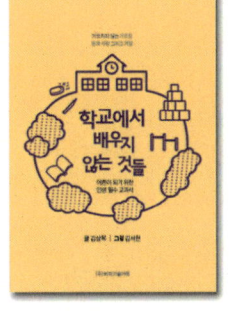

학교에서 배우지 않는 것들

글 김상묵 그림 김서현 / 30,000 원

융합은 즐거움이다

저자 비피기술거래 / 30,000 원

누구나 이모티콘을 제작할 수 있다

저자 비피기술거래 / 60,000 원

블록체인 산업 지도를 바꾼다

저자 비피기술거래 / 60,000 원

자율주행자동차 인공지능 보고서

저자 비피기술거래 / 60,000 원

4차산업과 마이스(MICE) 컨벤션 산업의 발전

저자 박기혁, 송승룡, 비피국제회의기획 / 30,000 원

자율주행 자동차 시대를 위한 법적인 과제와 준비

저자 권영실 변호사 / 60,000 원

문재인 정부의 과학기술정책

저자 비피기술거래 / 60,000 원

BP Book List

001	유아용품 시장조사 보고서 (20161027 절판)	**026-2**	[개정판] 전기차 충전기 시장조사 보고서 저자 비피기술거래 / 120,000
002	페라이트시트 관련 시장동향 보고서 저자 비피기술거래 / 120,000	**027**	신재생 에너지 기술 및 시장 분석 저자 김송호 / 60,000
003-2	[개정판] 페로브스카이트 태양전지 국내외 현황조사 저자 비피기술거래 / 120,000	**028**	테슬라의 한국 상륙-우리는 과거시대의 악몽을 반복할 것인가 저자 비피기술거래 / 60,000
004-1	[개정판] LED 산업 분석 저자 비피기술거래 / 120,000	**029**	김영란법 Q&A 저자 김상목 · 박기혁 / 60,000
005-1	[개정판] Silver Epoxy & Ink Cu ink&paste 시장보고서 저자 비피기술거래 / 120,000	**030**	회의를 디자인하라 (20180605 절판) 저자 김상목 / 30,000
006	확대되는 열가변저항기(Thermistor)의 기술, 시장 전망과 최근 개발 동향 저자 비피기술거래 / 120,000	**031**	도날드 트럼프 당선시의 한국경제, 기업에의 영향과 유망산업보고서 저자 비피기술거래 / 30,000
007-1	[개정판] 자동차용 배기온도센서 관련 시장동향 보고서 저자 비피기술거래 / 120,000	**032**	모바일 및 웨어러블 기기용 화학, 환경 센서 시장조사 보고서 저자 비피기술거래 / 120,000
008-1	[개정판] 골층전재 시장 조사 보고서 저자 비피기술거래 / 120,000	**033**	전통문화의 시장 및 기술동향 – 전통식품 저자 비피기술거래 / 120,000
009-2	[개정판] 전고체전지 기술조사 보고서 저자 비피기술거래 / 120,000	**034**	듀얼카메라 시장조사 보고서 저자 비피기술거래 / 120,000
010-1	[개정판] 티타늄 소재시장 가능성과 수요조사 보고서 저자 비피기술거래 / 120,000	**035**	기업들이 망하는 20가지 이유 – 신규 창업인이 회사를 망하게 하는 20가지 착각 저자 박기혁 / 30,000
011-1	[개정판] Etchant 기술동향 및 분석보고서 저자 비피기술거래 / 120,000	**036-2**	[개정판] 모바일화에 따른 온라인 문화콘텐츠산업 동향 저자 비피기술거래 / 120,000
012-1	[개정판] 다공성세라믹 적용 산업 현황 보고서 저자 비피기술거래 / 90,000	**037-2**	[개정판] 미세먼지에 관련된 국내시장분석 보고서 저자 비피기술거래 / 120,000
013	[개정판] 열전발전소자 및 Hermetic sealing 관련 기술동향 및 분석 보고서 (20180214 절판) 저자 비피기술거래 / 120,000	**038-2**	[개정판] 트렌드 변화에 따른 인테리어, 가구 시장 보고서 저자 비피기술거래 / 120,000
014-1	[개정판] Fine Pitch 배선 형성용 구리에찬트 조사보고서 저자 비피기술거래 / 120,000	**039**	힐러리 클린턴의 집권이 우리나라에 미칠 영향 저자 비피기술거래 / 30,000
015-1	[개정판] 알루미늄 도금기술 접목한 섬유분야의 상용방안 및 시장성 보고서 저자 비피기술거래 / 120,000	**040-2**	[개정판] MEMS 기술 산업 전략 보고서 저자 비피기술거래 / 60,000
016-1	[개정판] 쿼츠 Quartz 유리산업 분석을 통한 정밀광학기기 및 광학용부품 시장조사 보고서 저자 비피기술거래 / 120,000	**041-2**	[개정판] 반려동물 산업과 첨단 기술의 만남 저자 비피기술거래 / 60,000
017-1	고기능성 나노코팅 소재 보고서 (20170517 절판)	**042**	할랄화장품 저자 비피기술거래 / 60,000
018-1	[개정판] 외발자전거 시장 조사 보고서 저자 비피기술거래 / 120,000	**043**	포켓몬go 성공요인과 파급 효과 저자 비피기술거래 / 30,000
019-1	[개정판] 자전거 스마트폰 거치대 시장 조사 보고서 저자 비피기술거래 / 120,000	**044**	융합은 즐거움이다 – 과학기술과 인문학의 collaboration 저자 비피기술거래 / 30,000
020-2	[개정판] 전력절감 시스템 시장조사 보고서 저자 비피기술거래 / 120,000	**045**	중국 의약품, 아동 의약품, 동물 의약품, 온라인 약국등의 시장과 제도 및 진출전략 저자 비피기술거래 / 60,000
021-1	[개정판] 시멘트 산업 시장동향 보고서 저자 비피기술거래 / 120,000	**046**	조명시장과 OLED 시장보고서 저자 비피기술거래 / 60,000
022-2	[개정판] 1인 가구 증가에 따른 산업동향 변화보고서 저자 비피기술거래 / 120,000	**047-1**	[개정판] 고체산화물 연료전지(SOFC) 정책 및 시장과 개발 업체 동향, 기술현황과 사업아이템 저자 비피기술거래 / 120,000
023	전통문화의 시장 및 기술동향 – 한옥과 친환경주택 저자 비피기술거래 / 120,000	**048-1**	[개정판] 방열소재시장과 기술동향 저자 비피기술거래 / 60,000
024	브렉시트(Brexit) 본질위기 유망산업 보고서 저자 비피기술거래 / 30,000	**049**	남성화장품 시장 조사 보고서 저자 비피기술거래 / 60,000
025	뉴로모픽기술과 시장보고서 저자 목하균 / 60,000	**050**	우리나라 지진역사와 주요국 대피시스템 비교 그리고 관련산업 동향 저자 목하균 / 60,000

BP Book List

051	집단 토론 면접 가이드 (20180605 절판) 저자 김상묵 / 30,000	**076-2**	[개정판] 베지테리언 국내외 채식주의 산업 시장 보고서 저자 비피기술거래 / 120,000
052	콘텐츠 큐레이션(Contents Curation) 저자 허두영 / 30,000	**077-2**	[개정판] 탄소섬유 국내외 기술 및 시장동향과 업계 현황 보고서 저자 김상묵·박기혁 / 120,000
053	한국인이 두려워하는 대통령 트럼프가 제시한 5대중요정책(보호무역,한국혐오등)과 그에 대한 대처법 보고서 저자 비피기술거래 / 30,000	**078**	일본 이화학연구소 – 리켄(RIKEN)심층연구 저자 비피기술거래 / 60,000
054	기후 변화와 녹색 성장 저자 김송호 / 60,000	**079**	정전기 방전 기술과 시장동향 보고서 저자 비피기술거래 / 60,000
055	적외선센서 보고서 저자 비피기술거래 / 120,000	**080**	만화 – 박사장의 집단토론면접가이드 저자 김상묵·비피기술거래 / 30,000
056	교수 및 고위 공무원이 해외연수 잘 다녀오는 방법 저자 비피기술거래 / 30,000	**081-1**	[개정판] 반도체 멤스프로브카드의 최신 기술 및 시장 동향보고서 저자 비피기술거래 / 60,000
057	그린 비즈니스 – 스마트 그리드그린건물·LED 조명 저자 김송호 / 30,000	**082**	융합기술이 답이다 – 일본과 우리나라의 기술융합정책 저자 비피기술거래 / 60,000
~~**058**~~	~~(만화) 김영란법 Q&A~~ ~~저자 김상묵 / 30,000~~	**083**	대학교수 고위공무원의 1년연수(안식년, sabbatical) 잘 다녀오는 법 저자 박기혁·이인성 / 30,000
059	동호인 테니스게임에서 이기는 절대적 방법 – 발리 저자 박기혁 / 30,000	**084**	유아용품 시장동향 보고서 – 중국 유아용품시장을 중심으로 저자 비피기술거래 / 120,000
060	도널드 트럼프 당선 – 세계는 어떻게 될까 저자 비피기술거래 / 30,000	**085**	누구나 이모티콘을 제작할 수 있다 – 이모티콘의 현재와 미래시장 현황과 제작 및 등록방법 저자 비피기술거래 / 60,000
061	시스템 반도체 산업동향보고서 저자 목하균 / 120,000	**086**	절삭공구에 대한 유저들의 니즈 파악 및 세라믹 응용 가능 분야 연구보고서 저자 비피기술거래 / 30,000
062	R&D지원사업 200% 활용하기 연구소기업과 기업 부설연구소의 설립 저자 비피기술거래 / 25,000	**087**	만화 – 박사장의 사업툰 저자 박기혁·비피기술거래 / 30,000
063	COFFEE, 한 잔의 커피는 한 번의 여행과 같다 저자 이강복 / 30,000	**088**	로드리고 두테르테의 명과 암 그리고 도널드트럼프 저자 비피기술거래 / 60,000
064	대한민국 정치인과 기업인 리더가 트럼프의 대선 승리에서 배워야 할 7가지 교훈 저자 비피기술거래 / 60,000	**089**	쾌남 이재명, 그는 누구인가? (20191121 절판) 저자 김상묵 / 30,000
~~**065**~~	~~주식시장리포트 – 이 주식들이 곧 오를 수밖에 없는 다섯 가지 이유~~ ~~저자 비피기술거래 / 50,000~~	**090-2**	[개정판] 블록체인 산업 지도를 바꾼다 저자 비피기술거래 / 60,000
066-1	[개정판] 미국인이 사랑하는 미셸 오바마 저자 비피기술거래 / 30,000	**091**	스퍼터(Sputter) 및 스퍼터링(Sputtering) 관련 산업 및 기업 시장 조사 보고서 저자 비피기술거래 / 60,000
067	그린 비즈니스 – 전기차와 이차전지 저자 김송호 / 60,000	**092**	자율주행자동차 시대를 위한 법적인 과제와 준비 저자 권영실 / 60,000
068-1	[개정판] 화합물 반도체산업 동향 보고서 저자 박진석 / 120,000	**093-2**	[개정판] 자율주행자동차 인공지능 보고서 저자 비피기술거래 / 60,000
069	중국 가전제품 시장 보고서 저자 비피기술거래 / 120,000	**094**	삼일만에책한권쓰기프로젝트 저자 박기혁 / 30,000
~~**070**~~	~~학교에서 배우지 않는 것들 – 어른이 되기 위한 인생 필수 교과서~~ ~~저자 김상묵·김서현 / 120,000~~	**095**	첼시 클린턴,무대에서다 – 反트럼프의 비상구 저자 비피기술거래 / 30,000
071	B급 전략 평범한 회사나 개인도 절대로 망하지 않게 하는 특급전략 저자 박기혁 / 30,000	~~**096**~~	~~문재인 정부의 과학기술정책~~ ~~저자 비피기술거래 / 60,000~~
072-1	[개정판] 편의점 사업의 현재와 미래 편의점 사업 이대로 좋은가 저자 비피기술거래 / 120,000	**097**	일상 생활에서 사용하는 전기차 이야기 – 전기차의 매력 저자 안규찬·이봉길 / 60,000
073	뉴요커를 사로잡을 7가지 사업 아이템 저자 비피기술거래 / 60,000	**098**	만화 – 평범한 회사나 개인도 절대로 망하지 않게 하는 특급 B급 전략 저자 비피기술거래 / 30,000
074	유커 발길을 잡아라 – 유커 관광산업 보고서 저자 비피기술거래 / 60,000	**099**	만화로 읽는 학교에서 배우지 않는 것들 – 어른이 되기 위한 인생필수 교과서 저자 김상묵·비피기술거래 / 30,000
075-1	[개정판] 생활화학제품 이대로 좋은가? – 화학제품 공포증의 올바른 이해 저자 비피기술거래 / 60,000	**100**	문재인 정부의 부동산 정책 분석 저자 박기혁·변한수·비피기술거래 / 60,000

BP Book List

No.	제목	저자 / 가격
101	알고 싶은 철도산업 이야기	저자 비피기술거래 / 60,000
102	사이버 섹스 산업	저자 비피기술거래 / 30,000
103	동호인 테니스를 끝내 이기기 위한 살인병기: 결정발리, 서브, 스매싱	저자 박기혁 / 25,000
104	동호인 테니스, 심리학과 심리전으로 무장하면 백전백승	저자 박기혁 / 25,000
105	4차산업과 마이스(MICE) 컨벤션 산업의 발전	저자 박기혁·송승룡·비피국제회의기획 / 30,000
106	건강한 피를 만들기 위한 섭취법	저자 비피기술거래 / 30,000
107	만화로 읽는 3일만에 책한권쓰기 프로젝트	저자 박기혁, 그림 비피기술거래 / 30,000
108	미생 몸매 소유자가 들려주는 완생 다이어트	저자 박기혁 / 30,000
109	메모의 마법 – 책이 술술술 써지는 메모 습관	저자 박기혁 / 30,000
110	노벨 두드림: 이 책 읽고 노벨상 받자 〈노벨평화상〉	편집 비피기술거래 / 30,000
111	노벨 두드림: 이 책 읽고 노벨상 받자 〈노벨문학상〉	편집 비피기술거래 / 30,000
112	노벨 두드림: 이 책 읽고 노벨상 받자 〈노벨물리학상 1〉	편집 비피기술거래 / 30,000
113	노벨 두드림: 이 책 읽고 노벨상 받자 〈노벨물리학상 2〉	편집 비피기술거래 / 30,000
114	노벨 두드림: 이 책 읽고 노벨상 받자 〈노벨화학상 1〉	편집 비피기술거래 / 30,000
115	노벨 두드림: 이 책 읽고 노벨상 받자 〈노벨생리의학상 1〉	편집 비피기술거래 / 30,000
116	노벨 두드림: 이 책 읽고 노벨상 받자 〈노벨화학상 2〉	편집 비피기술거래 / 30,000
117	노벨 두드림: 이 책 읽고 노벨상 받자 〈노벨생리의학상 2〉	편집 비피기술거래 / 30,000
118	노벨 두드림: 이 책 읽고 노벨상 받자 〈노벨경제학상 2〉	편집 비피기술거래 / 30,000
119	후미진 곳의 매출부진 카페에 손님이 들게 하는 마법-카피스 카페 설립하기	저자 박기혁·송승룡·비피기술거래 / 30,000
120	현직 카페 주인 100명이 말하는 카페 커피숍 무조건 망하니까 절대 하지마라	저자 박기혁·송승룡·비피기술거래 / 30,000
121	현직 카페 사장 100인이 말하는 성공하는 서점겸 카페 차리기	저자 박기혁·송승룡·비피기술거래 / 30,000
122	현직 카페 사장 100인이 말하는 커피숍 바리스타	저자 박기혁·송승룡·비피기술거래 / 30,000
123-2	[개정판] 미래산업시리즈 – 3D 스캐닝 산업	저자 비피기술거래 / 60,000
124	124.성공하는 카페는 이렇게 일한다	저자 비피기술거래 / 30,000
125-2	[개정판] 드론 그것이 궁금하다	저자 비피기술거래 / 60,000
126	냉면으로 대박나는 요식업 창업전략 (20180430 절판)	저자 비피기술거래 / 60,000
127	위조 방지 기술	저자 비피기술거래 / 60,000
128-2	[개정판] 뉴로모픽 그것이 궁금하다	저자 비피기술거래 / 60,000
129-1	[개정판] 4차 산업혁명의 기회 – 누구나 뉴칼라가 될 수 있다	저자 비피기술거래 / 60,000
130	산전수전 다겪은 선배가 알려주는 캠퍼스 라이프 꿀팁	저자 비피기술거래 / 30,000
131	하루만에 끝내는 전자회로 개론	저자 비피기술거래 / 30,000
132	휴대폰 호갱 탈출기 (20180330 절판)	저자 비피기술거래 / 30,000
133	소비자를 사로잡는 특별한 10퍼센트: 스페셜티 카페의 모든것	저자 비피기술거래 / 30,000
134	원소의 탄생일지1: 주기율표song	저자 비피기술거래 / 60,000
135	4차 산업혁명 파생산업 시리즈: PID 센서	저자 비피기술거래 / 60,000
136	에코-프렌들리 비즈니스의 첫걸음: 난 돈 벌면서 커피 찌꺼기 버린다	저자 비피기술거래 / 30,000
137	4차 산업혁명 파생산업 시리즈: 에너지 절약형 유리	저자 비피기술거래 / 60,000
138	21세기 팥빙수 백서 (20180531 절판)	저자 비피기술거래 / 30,000
139	온 국민이 즐기는 응원제	저자 비피기술거래 / 30,000
140	전 세계에 파란을 예고한 물 부족_인쇄용	저자 비피기술거래 / 30,000
141-1	[개정판] 똑똑한 AI를 만드는 작은 차이, 머신러닝과 딥러닝	저자 비피기술거래 / 60,000
142	4차 산업혁명 파생산업 시리즈: 저온 동시 소성 세라믹스	저자 비피기술거래 / 60,000
143	원소의탄생일지2: 전이금속	저자 비피기술거래 / 30,000
144	원소의탄생일지3: 세계자원확보전쟁의 주인공 희토류	저자 비피기술거래 / 30,000
~~145~~	~~천원이면 누구나 할 수 있는 복권 재테크 – 로또복권~~	~~저자 비피기술거래 / 30,000~~
146	폭락장 속의 생존기술: 가상화폐의 기초 이해하기	저자 비피기술거래 / 30,000
147	한권으로 끝내는 텐서플로, AI 머신러닝 개발하기	저자 비피기술거래 / 30,000
148	4차 산업혁명 파생산업 시리즈: 주문형 반도체 산업	저자 비피기술거래 / 60,000
~~149~~	~~Why(Y)세대 트렌드; 털(毛)털(毛)한 남자_최종~~	~~저자 비피기술거래 / 30,000~~
150	1퍼센트를 위한 한국과 중국의 도자기 산업백서	저자 비피기술거래 / 30,000

번호	제목	저자/편집 / 가격
151-1	[개정판] 4차 산업혁명 파생 기술 시리즈; 스마트 그리드와 사물인터넷, 빅데이터의 이해	저자 비피기술거래 / 60,000
152	나는 비트코인 말고 미생물에 투자하기로 결심했다; 떠오르는 에코 프랜들리 비즈니스	저자 비피기술거래 / 60,000
153	주(住)목하라, 삶의 공간에 관한 디자인과 인테리어	저자 비피기술거래 / 30,000
154-1	[개정판] 4차 산업혁명 파생 산업 시리즈: ICT 서비스 산업	저자 비피기술거래 / 60,000
155	알기 쉬운 암호 기술 변천사; 고전기술에서 비트 코인까지	저자 비피기술거래 / 60,000
~~156~~	~~청춘의 연애심리학: 올해는 반드시 연애 많이 하는 남자가 되자~~	~~저자 비피기술거래 / 30,000~~
157	한권으로 끝내는 전기공학 개론	저자 비피기술거래 / 60,000
158	4차 산업혁명 파생 기술 시리즈; 반도체 공정 중 다공성 회전 바이스 산업 분석	저자 비피기술거래 / 60,000
159	한권으로 끝내는 블록체인 원천 기술: 현대의 암호학	저자 비피기술거래 / 60,000
160	4차산업혁명 파생기술 시리즈: 수소에너지 제조 기술	저자 비피기술거래 / 60,000
161	당신도 할 수 있다 청춘 재테크; 자취방부터 주택 청약까지	저자 서울대OB주식연구회 / 30,000
~~162~~	~~캠핑 마스터, 오감으로 즐기는 365일 캠핑~~	~~편집 비피엔터컨텐츠연구소 / 30,000~~
163	4차산업혁명 파생기술 시리즈: 에너지 저장 기술 (ESS) (20190425 절판)	저자 비피기술거래 / 60,000
164	제4차 산업혁명의 꽃 전장사업: 왜 삼성은 전장사업에 목숨을 걸까	저자 비피기술거래 / 60,000
165	PD, 작가들이 즐겨보는 방송소재집; 요식업 창업 전략 '냉면' 편	편집 비피엔터컨텐츠연구소 / 30,000
166	청춘 산업 보고서; PD, 드라마 작가, 소설가들이 꼭 봐야할 참신한 이야기	편집 비피엔터컨텐츠연구소 / 30,000
167-1	[개정판] 4차 산업혁명 벨류체인 및 ICT 산업 전략 분석	저자 비피기술거래 / 60,000
168	잘 나가는 BJ 들의 비밀 코드; 1인 미디어 플랫폼 시장 산업 분석	편집 비피엔터컨텐츠연구소 / 30,000
169	동호인 테니스, 고수가 되는 법은 손목에 있다	저자 박기혁 / 25,000
170	인터넷쇼핑 싸게 잘하는 핵꿀팁	편집 비피엔터컨텐츠연구소 · 조아영 / 30,000
171	떠오르는 태양 E-SPORTS	편집 비피엔터컨텐츠연구소 / 30,000
172	인공지능 시대에 대비한 지방대생 성공전략	저자 김송호 / 30,000
173-1	[개정판] 주식투자자들이 꼭 알아야 할 인공지능 트렌드와 주요기업 현황	저자 비피기술거래 · 한상훈 / 60,000
174-1	[개정판] 인슈어테크 산업전망 및 발전전략 보고서	저자 비피기술거래 / 60,000
175-1	가상현실, 증강현실 산업 분석	저자 비피기술거래 / 60,000
176	연수 첫 날 나눠주는 다른 회사 매뉴얼 훔쳐보기	저자 박기혁 · 비피기술거래 / 30,000
177	세계 환경과 관련한 사건, 사고 분석 보고서	저자 비피기술거래 / 30,000
178	4차 산업혁명을 현명하게 헤쳐나갈 유아교사를 위한 안내서	저자 비피교육연구소 / 30,000
179-1	[개정판] 4차 산업혁명 시대의 바이오 산업 분석 보고서	저자 비피기술거래 / 60,000
180	잘 팔리는 책을 빨리 쓰는 방법; 커피타임즈 글쓰기 책내기 센터 전략서	저자 비피기술거래 / 30,000
181	미생 몸매 소유자가 들려주는 완생 다이어트 (한국어,베트남어)	저자 비피기술거래 / 30,000
182-1	[개정판] 정부도 인정한 4차 산업의 핵심, GAME 산업의 1 to 100	저자 비피기술거래 / 60,000
183	경력단절 여성들이여 친정오빠 말대로 글쓰고 책내서 돈도 벌렴	저자 비피기술거래 / 25,000
184	4차 산업혁명 시대의 로봇 백서; 로봇 기술의 모든 것	저자 비피기술거래 / 30,000
185	디스플레이 전쟁	저자 비피기술거래 / 60,000
186	베트남에서 사업하고 싶은 사람을 위한 베트남 정보 개론	저자 비피기술거래 / 30,000
187	현직카페 사장 100인이 말하는 카페손님으로서의 공부족 연구	저자 비피기술거래 / 30,000
188	O2O 전쟁터 4차 산업혁명 시대의 숙박산업 보고서	저자 비피기술거래 / 60,000
189	리스닝 완벽하게 하기; 말하는 사람의 단어 하나하나를 충실히 듣기와 새기기	저자 비피기술거래 / 30,000
190-1	[개정판] 인공지능 기술과 콘텐츠 전쟁의 현주소; 최신 기술 및 유망산업 백서	저자 비피기술거래 / 60,000
191	정부도 인정한 4차 산업의 핵심, GAME 산업의 1 to 100 (한국어베트남어)	저자 비피기술거래 / 60,000
192	마음의 힐링, 인생 사업의 혁신을 위해 알래스카를 다녀와야 할 45가지 이유	저자 비피기술거래 / 30,000
193-1	[개정판] 백세시대를 준비하는 헬스케어 산업의 동향과 전망	저자 비피기술거래 / 60,000
194	마이크로웨이브 건조기술 백서	저자 비피기술거래 / 60,000
195	인도에서 사업하고 싶은 사람을 위한 인도 정보 개론	저자 비피기술거래 · 박기혁 공저 / 30,000
196	현장의 유아교사를 위한 유아 교육프로그램	저자 비피교육연구소 / 30,000
197	화장품 사업 개론	저자 비피기술거래 / 30,000
198-1	[개정판] 4차 산업혁명의 핵심; 에너지 신기술 보고서	저자 비피기술거래 · 한상훈 / 60,000
199	4차 산업과 마이스(MICE) 컨벤션 산업의 발전 (한국어,베트남어)	저자 비피기술거래 / 30,000
200	혼자 영화 보기의 46가지 장점과 소확행 이야기	저자 비피기술거래 / 30,000

BP Book List

201-1 [개정판] 이너뷰티와 4차 산업혁명의 만남; 건강기능식품 산업 보고서
저자 비피기술거래 / 60,000

202 MIT 10대 유망 기술과 유관 산업 분석
저자 비피기술거래 / 30,000

203 동호인 테니스, 배드민턴처럼 치면 금방 고수가 된다
저자 박기혁 / 25,000

204 PD, 작가들이 즐겨보는 방송소재집; 청춘이 열광하는 음악에 대한 이야기
저자 비피엔터컨텐츠연구소 / 30,000

205 카페 커피숍 무조건 망하니까 절대 하지마라 (베트남어)
저자 비피베트남어연구회 / 30,000

206 모으고, 절약하고, 불리는 재테크의 모든 것
저자 서울공대OB주식연구회 / 30,000

207 누구나 쉽게 무료로 저자가 될 수 있다
저자 비피생활문화연구소 / 30,000

208 작지만 강한 카페로 살아남는 법; 책 저자를 무료로 만들어 주는 카페
저자 비피생활문화연구소 / 30,000

209-1 [개정판] 4차 산업시대의 스마트 가전
저자 비피기술거래 / 60,000

210 베트남인 생활 관찰 정보를 통한 유망 사업 수요 분야 정리
저자 비피기술거래 / 30,000

211 좋은 수업을 꿈꾸는 유아교사를 위한 발문 안내서
저자 비피교육연구소 / 30,000

212 중미 무역 전쟁; 뉴패러다임의 도래와 우리의 과제
저자 비피기술거래 / 30,000

213-1 [개정판] 5G 시대의 도래와 정보 보안
저자 비피기술거래 / 60,000

214-1 [개정판] 4차 산업혁명 시대의 교육 산업의 변화
저자 비피교육연구소 / 30,000

215-1 [개정판] 4차 산업혁명과 힐링산업 코드
저자 비피기술거래 / 30,000

216-1 [개정판] 4차 산업혁명 시대의 무인산업 안내서
저자 비피기술거래 / 60,000

217 작은 카페 차려서 망하지 않으려면 카페와 출판사를 같이 차려라
저자 비피기술거래 / 30,000

218 잘 팔리는 책을 빨리 쓰는 방법; 커피타임즈 글쓰기 책내기 센터_베트남어
저자 비피베트남어연구회 / 30,000

219 4차 산업혁명과 공유 경제; 공유 플랫폼 전략
저자 비피기술거래 / 30,000

220 작은 카페 창업은 셀프 카페, 스터디 카페, 무인 카페로 손해를 줄여라
저자 비피생활문화연구소 / 30,000

221 독후감으로 읽는 대학생이라면 꼭 읽어야 할 필독도서
저자 비피교육연구소 / 30,000

222 비평문으로 읽는 대학생이라면 꼭 읽어야 할 필독도서
저자 비피교육연구소 / 30,000

223 산업 트렌드로 꿰뚫는 창업전략; 코인노래방
저자 비피생활문화연구소 / 30,000

224 한반도 폭염을 정책과 사업, 소확행 관점에서 심상치 않게 볼 57가지 이유
저자 비피기술거래 / 30,000

225 4차 산업혁명시대의 자율주행 자동차 산업백서
저자 비피기술거래 / 60,000

226 3일 만에 책 한 권 쓰기 프로젝트 (베트남어)
저자 비피베트남어연구회 / 30,000

227 미술활동을 좋아하는 유아교사를 위한 아동미술심리 입문하기
저자 비피교육연구소 / 30,000

228 새벽 지하철이 부와 건강을 가져다주는 26가지 이유; 소확행과 글쓰기
저자 비피생활문화연구소 / 30,000

229 창업 대비 필수 마케팅 전략 보고서
저자 비피기술거래 / 30,000

230 PD, 작가들이 즐겨보는 방송소재집; 글쓰기로 우울증 극복하는 방법
저자 비피기술거래 / 30,000

231 하루만에 끝내는 전자회로 개론
저자 비피생활문화연구소 / 30,000

232 누구나 쉽게 무료로 저자가 될 수 있다 (베트남어)
저자 비피베트남어연구회 / 30,000

233 PD, 작가들이 즐겨보는 스토리 소재집; 치과의사와 치과병원편
저자 비피생활문화연구소 / 30,000

234 잘 나가는 유튜브와 책 만들기; 13가지 이유라는 식으로 제목을 잡아라
저자 비피생활문화연구소 / 30,000

235 LG화학주식 매수 전 알아야 할 용어와 이슈 54가지
저자 서울공대OB주식연구회 / 30,000

236 작지만 강한 카페로 살아남는 법; 책 저자를 무료로 만들어 주는 카페(베트남어)
저자 비피베트남어연구회 / 30,000

237 박항서 감독이 몰고 온 베트남 바람
저자 비피기술거래 / 30,000

238 삼성전자 주식 매수 전 알아야 할 용어와 이슈 30가지
저자 서울공대OB주식연구회 / 30,000

239 회사의 자금을 원활히 조달하는 방법; 작은 회사 대표도 할 수 있는 미니 M&A
저자 비피기술거래 / 30,000

240 해외에서 글을 쓰면 빨리 좋은 글이 써지는 59가지 이유; 소확행적 해외 글쓰기 꿀팁
저자 비피생활문화연구소 / 30,000

241 미국 방열기판 시장 동향 조사 분석
저자 비피기술거래 / 60,000

242 장사가 부진한 카페는 상담 카페로 전환해서 적자를 면하라
저자 비피생활문화연구소 / 30,000

243 해외에서 유튜브 아이디어를 구상하면 좋은 63가지 이유; 유튜브 시장 성공전략 1
저자 비피생활문화연구소 / 30,000

244 잘 나가는 웹툰 만들기; 13가지 이유라는 식으로 제목을 잡아라
저자 비피생활문화연구소 / 30,000

245 예술의 17가지 속성을 이해해야 1인 미디어로 돈 번다; 유튜브 시장 성공전략 2
저자 비피생활문화연구소 / 30,000

246 셀트리온 3형제 주식 매수 전 알아야 할 이슈와 용어 34가지
저자 서울공대OB주식연구회 / 30,000

247 중국 방문 없이 중국을 빠르게 이해하는 법; 유튜브 시장 성공전략 3
저자 비피생활문화연구소 / 30,000

248 원격의료 그 논란의 속살을 파헤친다
저자 비피기술거래 / 60,000

249 4개 국어에 능통하면 유튜버와 소확행에 좋은 10가지 이유; 유튜브 시장 성공전략 4
저자 비피생활문화연구소 / 30,000

250 닌텐도 주식 투자 전 알아야 할 닌텐도의 모든 것
저자 서울공대OB주식연구회 / 30,000

BP Book List

251 외국어 들리는 대로 한글로 적어라; 4개 국어 하는 취준생 양성 프로젝트 1
저자 비피생활문화연구소 / 30,000

252 4개 국어 하는 고경력 은퇴자 양성 프로젝트 1; 외국어 들리는 대로 한글로 적어라
저자 비피생활문화연구소 / 30,000

253 전문가가 말하는 화장품업 진입 및 미래 생존전략; 사업자를 위한 화장품 정보 각론
저자 비피뷰티바이오사업부 / 30,000

254 미국이 중국 푸젠반도체를 제재함의 경제 정책적 의미; 주식 시장 영향 분석집 1
저자 서울공대OB주식연구회 / 30,000

255 SK텔레콤 주식 매수 전 알아야 할 용어와 이슈 41가지; 주식 시장 영향 분석집 2
저자 서울공대OB주식연구회 / 30,000

256 동진쎄미켐 주식 매수 전 알아야 할 용어와 이슈 55가지; 주식 시장 영향 분석집 3
저자 서울공대OB주식연구회 / 30,000

257 중국 푸젠반도체를 트럼프가 제재함의 산업 정책적 의미; 정책가와 테크노파크 연구원 필독서 1
저자 비피기술거래 / 30,000

258 외국어 들리는 대로 한글로 적어라; 4개 국어 하는 기업 간부 양성 프로젝트 1
저자 비피생활문화연구소 / 30,000

259 중국제조 2025; 미중 무역 전쟁의 배경과 전망
저자 비피기술거래 / 30,000

260 아디다스, 나이키 주식 매수 전 알아야 할 키워드 48가지; 주식 시장 영향 분석집 4
저자 서울공대OB주식연구회 / 30,000

261 공부의 신들이 말하는 변호사 시험 무조건 합격하는 법 1; 주관식 시험 눈으로만 보면 망한다
저자 비피생활문화연구소 / 30,000

262 신라젠 주식 매수 전 알아야 할 용어와 이슈 30가지; 주식 시장 영향 분석집 5
저자 서울공대OB주식연구회 / 30,000

263 키워드를 선점해야 돈 번다; 유튜브 시장 성공전략 5
저자 비피생활문화연구소 / 30,000

264 해외에서 글을 쓰면 빨리 좋은 글이 써지는 59가지 이유 (베트남어)
저자 비피베트남어연구회 / 30,000

265 삼성바이오로직스 주식 매수 전 알아야 할 용어와 이슈 54가지; 주식 시장 영향 분석집 6
저자 서울공대OB주식연구회 / 30,000

266 푸젠반도체를 둘러싼 미중 무역전쟁과 반도체 상식 늘리기; 취업 면접 대비집
저자 비피기술거래 / 30,000

267 탄수화물 섭취 체계적으로 줄이기; 건강하게 다이어트 하는 법 1
저자 비피생활문화연구소 / 30,000

268 주관식 시험 눈으로만 보면 망한다; 공부의 신들이 말하는 행정고시 무조건 합격하는 법 1
편집 비피엔터컨텐츠연구소 / 30,000

269 네이버 주식 매수 전 알아야 할 키워드 39가지; 주식 시장 영향 분석집 7
저자 서울공대OB주식연구회 / 30,000

270 책 읽어주는 유튜브; 유튜브 시장 성공전략 6
저자 비피생활문화연구소 / 30,000

271 게임 관련 기업 주식 매수 전 알아야 할 용어와 이슈 31가지; 주식 시장 영향 분석집 8
저자 서울공대OB주식연구회 / 30,000

272 한미약품 주식 매수 전 알아야 할 용어와 이슈 56가지; 주식 시장 영향 분석집 9
저자 서울공대OB주식연구회 / 30,000

273 미디어 플랫폼 기업 주식 매수 전 알아야 할 용어와 이슈 30가지; 주식 시장 영향 분석집 10
저자 서울공대OB주식연구회 / 30,000

274 투잡 유튜버가 돼야 오래 간다; 유튜브 시장 성공전략 7
저자 비피생활문화연구소 / 30,000

275 외국어 문법 상관없이 듣고 적어라; 4개 국어 하는 유튜버 양성 프로젝트 1
저자 비피생활문화연구소 / 30,000

276 4차 산업혁명 시대를 뒷받침하는 핵심 소재 이야기
저자 비피기술거래 / 60,000

277 외국어 2음절씩 리듬 타고 들어라; 4개 국어 하는 유튜버 양성 프로젝트 2
저자 비피생활문화연구소 / 30,000

278 대웅제약 주식 매수 전 알아야 할 용어와 이슈 58가지; 주식 시장 영향 분석집 11
저자 서울공대OB주식연구회 / 30,000

279 장기적 불황을 타개하고 산업을 선도할 수출 효자 종목 및 국내 유망 신산업 11가지
저자 비피기술거래 / 30,000

280 역량의 10프로만 유튜브에 투자하라; 출판사에서 유튜브 회사로의 전환 전략 1
저자 비피생활문화연구소 / 30,000

281 베스트 요약으로 제목과 타겟을 정하라; 출판사에서 유튜브 회사로의 전환 전략 2
저자 비피생활문화연구소 / 30,000

282 GC녹십자 주식 매수 전 알아야 할 용어와 이슈 62가지; 주식 시장 영향 분석집 12
저자 서울공대OB주식연구회 / 30,000

283 카카오뱅크 모임통장이 대박 난 이유; 주식 시장 영향 분석집 13
저자 서울공대OB주식연구회 / 30,000

284 한국전력 주식 매수 전 알아야 할 용어와 이슈; 주식 시장 영향 분석집 14
저자 서울공대OB주식연구회 / 30,000

285 화학회사들이 올인하는 TIM과 엘라스토머 등 전기차 방열문제 트렌드; 주식 시장 영향 분석집 15
저자 서울공대OB주식연구회 / 30,000

286 일동제약 주식 매수 전 알아야 할 용어와 이슈 49가지; 주식 시장 영향 분석집 16
저자 서울공대OB주식연구회 / 30,000

287 유한양행 주식 매수 전 알아야 할 용어와 이슈 48가지; 주식 시장 영향 분석집 17
저자 서울공대OB주식연구회 / 30,000

288 전자책 이북과 유튜브를 같이 하라; 출판사에서 유튜브 회사로의 전환 전략 3
저자 비피생활문화연구소 / 30,000

289 종근당 주식 매수 전 알아야 할 용어와 이슈 52가지; 주식 시장 영향 분석집 18
저자 서울공대OB주식연구회 / 30,000

290 한 권으로 살펴보는 에너지저장시스템 (ESS)
저자 비피기술거래 / 60,000

291 의미 부여로 단어를 외우고 눈으로 받아쓰라_ 4개 국어 하는 유튜버 양성 프로젝트 3
저자 비피생활문화연구소 / 30,000

292 현대자동차 주식 매수 전 알아야 할 용어와 이슈_ 주식 시장 영향 분석집 19
저자 서울공대OB주식연구회 / 30,000

293 에너지저장시스템(ESS)과 관련한 최신 이슈 26가지
저자 비피기술거래 / 60,000

294 사회복지직공무원 시험 마약 암기법
저자 비피공무원시험연구소 / 30,000

295 JW중외제약의 핫 키워드와 이슈 모르면 주식 대박 힘들다
저자 서울공대OB주식연구회 / 30,000

296 9급 일반행정직 시험 모르면 나만 떨어지는 마약 암기법
저자 비피공무원시험연구소 / 30,000

297 9급 일반행정직 마약 암기에 따른 문제풀이법
저자 비피공무원시험연구소 / 30,000

298 반도체주의 핫 키워드와 이슈 모르면 주식 대박 힘들다_ SK하이닉스 편
저자 서울공대OB주식연구회 / 30,000

299 자율주행 자동차주의 핫 키워드와 이슈 모르면 주식 대박 힘들다_ 현대모비스 편
저자 서울공대OB주식연구회 / 30,000

300 7급 일반행정직 공무원시험 모르면 나만 떨어지는 마약 암기법
저자 비피공무원시험연구소 / 30,000

BP Book List

#	제목 / 저자 / 가격
301	JLPT N4,N5 단어 기독교 신앙심으로 초스피드 외우기 저자 비피일본어연구회 / 19,500
302	최단시간으로 중국어 HSK 2~4급 획득하는 법 저자 비피중국어연구회 / 19,500
303	1인 미디어플랫폼주의 핫 키워드와 이슈 모르면 주식 대박 힘들다 저자 서울공대OB주식연구회 / 19,500
304	5G 빅사이클 시작, 이동통신 3사의 핫 키워드와 이슈 모르면 주식 대박 힘들다 저자 서울공대OB주식연구회 / 19,500
305	5G 최대수혜주, 통신장비업종 3사의 핫 키워드와 이슈 모르면 주식 대박 힘들다 저자 서울공대OB주식연구회 / 19,500
306	기출로 보는 임상심리사 2급 필기_ 최단 시간 마약 암기 문제풀이법 저자 최단시간임상심리사연구회 / 19,500
307	전교 20등을 전교 5등으로 만드는 문제풀이법 저자 전교5등클리닉 / 19,500
308	5G 최대수혜주, 5G폰 부품업체 4사의 핫 키워드와 이슈 모르면 주식 대박 힘들다 저자 서울공대OB주식연구회 / 19,500
309	핀테크 관련 최대수혜주의 핫 키워드와 이슈 모르면 주식 대박 힘들다 저자 서울공대OB주식연구회 / 19,500
310	9급 법원직 공무원시험 모르면 나만 떨어지는 마약 암기법 저자 최단시간공무원시험연구소 / 19,500
311	주택관리사 민법총칙 직장 다니며 공부하는 노하우와 최단시간 문제풀이법 저자 최단시간주택관리사시험연구소 / 19,500
312	신라젠 회사 취업을 위해 꼭 알아야 할 용어와 이슈 저자 비피기술거래 / 19,500
313	7급 공무원 행정법 암기 노하우와 최단시간 문제풀이법 저자 최단시간공무원시험연구소 / 19,500
314	불황없는 엔젤산업 최대수혜주 핫 키워드와 이슈 모르면 주식 대박 힘들다 저자 비피기술거래 / 19,500
315	9급 공무원 행정학 암기 노하우와 최단시간 기출문제풀이법 저자 최단시간공무원시험연구소 / 19,500
316-1	[개정판] 삼성바이오로직스 취업을 위해 꼭 알아야 할 용어와 이슈 저자 비피기술거래 / 19,500
317	9급 공무원 행정학 모르면 나만 떨어지는 핵심 키워드 (인사편) 저자 최단시간공무원시험연구소 / 19,500
318	SK텔레콤 취업을 위해 꼭 알아야 할 용어와 이슈 저자 비피기술거래 / 19,500
319	토익 LC 고득점을 위해 헷갈리는 부분 정복하기_ 영국 호주식 발음 저자 최단시간토익시험연구소 / 19,500
320	공부의 신들이 말하는 변리사 시험 무조건 합격하는 법_ 주관식 시험 눈으로만 보면 망한다 저자 최단시간변리사시험연구소 / 19,500
321	4차 산업혁명의 핵심 스마트시티 최대 수혜주 핫 키워드와 이슈 모르면 주식 대박 힘들다 저자 서울공대OB주식연구회 / 19,500
322	대웅제약 취업을 위해 꼭 알아야 할 용어와 이슈 저자 비피기술거래 / 19,500
323	블록체인 플랫폼 최대수혜주 4대 기업과 핵심이슈 모르면 주식 대박 힘들다 저자 서울공대OB주식연구회 / 19,500
324	GC녹십자 취업을 위해 꼭 알아야 할 용어와 이슈 저자 비피기술거래 / 19,500
325	9급 법원직 공무원시험 민법총칙 직장 다니며 공부하는 노하우와 최단시간 문제풀이법 저자 최단시간공무원시험연구소 / 19,500
326	5G 시대 IOT 최대 수혜주 3대 기업과 핵심이슈 모르면 주식 대박 힘들다 저자 서울공대OB주식연구회 / 19,500
327	한국전력 취업을 위해 꼭 알아야 할 용어와 이슈 저자 비피기술거래 / 19,500
328	5급 공무원 2차 주관식시험 반드시 합격한다_ 서브노트 과연 필요한가 저자 최단시간공무원시험연구소 / 19,500
329	핀테크(FinTech)관련 산업 전망과 핵심기업 핫이슈 저자 비피기술거래 / 19,500
330	수능 일본어 한글 활용 단어장과 최단시간 암기법 저자 최단시간일본어연구회 / 19,500
331	유한양행 취업을 위해 꼭 알아야 할 용어와 이슈 저자 비피기술거래 / 19,500
332	미중 무역전쟁 최대수혜주 5대 기업과 핫이슈 모르면 주식 대박 힘들다 저자 서울공대OB주식연구회 / 19,500
333	종근당 취업을 위해 꼭 알아야 할 용어와 이슈 저자 비피기술거래 / 19,500
334	최단시간에 수능 이과 수학 풀려면 3단계법으로 하라 저자 최단시간수능시험연구회 / 19,500
335	현대자동차 취업을 위해 꼭 알아야 할 용어와 이슈 저자 비피기술거래 / 19,500
336	SK하이닉스 취업을 위해 꼭 알아야 할 용어와 이슈 저자 비피기술거래 / 19,500
337	교육서비스 관련 5대 기업과 핵심이슈 모르면 주식 대박 힘들다 저자 서울공대OB주식연구회 / 19,500
338	현대모비스 취업을 위해 꼭 알아야 할 용어와 이슈 저자 비피기술거래 / 19,500
339	4차 산업혁명 핵심분야 핫 키워드와 이슈 모르면 주식 대박 힘들다 저자 서울공대OB주식연구회 / 19,500
340	법원행시 주관식 시험 표출해야 합격한다_ 민법 점수 올리는 꿀팁 저자 최단시간법원행시연구회 / 19,500
341	4차 산업혁명 바이오, 에너지 분야 핫이슈 모르면 주식 대박 힘들다 저자 서울공대OB주식연구회 / 19,500
342	스마트팩토리 최대수혜주 2대 기업과 핫이슈 모르면 주식 대박 힘들다 저자 서울공대OB주식연구회 / 19,500
343	1인 미디어플랫폼 회사 취업을 위해 꼭 알아야 할 용어와 이슈 저자 비피기술거래 / 19,500
344	5G시대 이동통신 회사 취업을 위해 꼭 알아야 할 용어와 이슈 저자 비피기술거래 / 19,500
345	세무사 2차 시험 무조건 합격하는 법_ 눈으로만 보면 주관식 시험은 망한다 저자 최단시간세무사시험연구회 / 19,500
346	5G시대 미디어 콘텐츠 산업 핫 키워드와 이슈 모르면 주식 대박 힘들다 저자 서울공대OB주식연구회 / 19,500
347	보험계리사 2차 필수합격을 위한 공부법과 서브노트의 필요성 저자 최단시간보험계리사연구회 / 19,500
348	5G시대 통신장비업종 취업을 위해 꼭 알아야 할 용어와 이슈 저자 비피기술거래 / 19,500
349	최단시간에 주택관리사 회계원리 개념과 문제풀이 쉽게 정복하는 법 저자 최단시간주택관리사연구소 / 19,500
350	5G폰 부품업체 취업을 위해 꼭 알아야 할 용어와 이슈 저자 비피기술거래 / 19,500

BP Book List

351 日 반도체소재 수출규제에 따른 최대수혜주와 이슈 모르면 주식 대박 힘들다
저자 서울공대OB주식연구회 / 19,500

352 최단시간에 전산회계 1급 이론과 개념 정복하기
저자 최단시간전산회계연구회 / 19,500

353 5G시대 게임 산업 핫 키워드와 이슈 모르면 주식 대박 힘들다
저자 서울공대OB주식연구회 / 19,500

354 핀테크 관련 기업 취업을 위해 꼭 알아야 할 용어와 이슈
저자 비피기술거래 / 19,500

355 사회초년생을 위한 자산관리 필독서
저자 비피기술거래 / 19,500

356 엔젤산업 관련 기업 취업을 위해 꼭 알아야 할 용어와 이슈
저자 비피기술거래 / 19,500

357 스마트시티 관련 기업 취업을 위해 꼭 알아야 할 용어와 이슈
저자 비피기술거래 / 19,500

358 블록체인 플랫폼 기업 취업을 위해 꼭 알아야 할 용어와 이슈
저자 비피기술거래 / 19,500

359 IOT 관련 기업 취업을 위해 꼭 알아야 할 용어와 이슈
저자 비피기술거래 / 19,500

360 교육서비스 관련 기업 취업을 위해 꼭 알아야 할 용어와 이슈
저자 비피기술거래 / 19,500

361 4차 산업혁명 핵심분야 취업을 위해 꼭 알아야 할 용어와 이슈
저자 비피기술거래 / 19,500

362 4차 산업혁명 바이오, 에너지 분야 취업을 위해 꼭 알아야 할 용어와 이슈
저자 비피기술거래 / 19,500

363 스마트팩토리 관련 기업 취업을 위해 꼭 알아야 할 용어와 이슈
저자 비피기술거래 / 19,500

364 미디어, 콘텐츠 관련 기업 취업을 위해 꼭 알아야 할 용어와 이슈
저자 비피기술거래 / 19,500

365 경영지도사 2차 나만의 주관식 문제집을 만들어야 반드시 합격한다
저자 최단시간경영지도사연구회 / 19,500

366 제약 바이오 산업 최대수혜주 5개 기업과 이슈 모르면 주식 대박 힘들다
저자 서울공대OB주식연구회 / 19,500

367 아프리카 돼지열병 관련 7개 기업과 이슈 모르면 주식 대박 힘들다_
저자 서울공대OB주식연구회 / 19,500

368 日반도체소재 수출규제로 떠오르는 기업 취업을 위해 꼭 알아야 할 용어와 이슈
저자 비피기술거래 / 19,500

369 게임 산업 관련 기업 취업을 위해 꼭 알아야 할 용어와 이슈
저자 비피기술거래 / 19,500

370 공인중개사 남들보다 하루라도 먼저 붙는 방법
저자 최단시간공인중개사연구회 / 19,500

371 네이버 취업을 위해 꼭 알아야 할 용어와 이슈
저자 비피기술거래 / 19,500

372 폴더블 스마트폰 시대 최대수혜주 5개 기업과 이슈 모르면 주식 대박 힘들다
저자 서울공대OB주식연구회 / 19,500

373 사회조사분석사 2급 필답형 핵심키워드 간단하게 외워 합격하기
저자 최단시간사조사연구회 / 19,500

374 제약 바이오 산업 관련 기업 취업을 위해 꼭 알아야 할 용어와 이슈
저자 비피기술거래 / 19,500

375 고령사회 실버산업 핫키워드와 이슈 모르면 주식 대박 힘들다
저자 서울공대OB주식연구회 / 19,500

376 개업공인중개사의 네트워크 활동을 통한 경영성과 향상방안
저자 이강묵 / 23,000

377 한미약품 취업을 위해 꼭 알아야 할 용어와 이슈
저자 비피기술거래 / 19,500

378 영어 긴 문장도 듣고 말할 수 있는 직효 방법_ 유학준비생을 위한 책
저자 최단시간영어연구회 / 19,500

379 일동제약 취업을 위해 꼭 알아야 할 용어와 이슈
저자 비피기술거래 / 19,500

380 오픈뱅킹과 금융플랫폼 최대수혜주 기업과 이슈 모르면 주식 대박 힘들다
저자 서울공대OB주식연구회 / 19,500

381 행정고시 스트레스나 우울증 없이 쉽게 합격하는 법
저자 최단시간행정고시연구회 / 19,500

382 JW중외제약 취업을 위해 꼭 알아야 할 용어와 이슈
저자 비피기술거래 / 19,500

383 아프리카 돼지열병 관련 기업 취업을 위해 꼭 알아야 할 용어와 이슈
저자 비피기술거래 / 19,500

384 일본어 직청직해로 어휘의 범위를 넓혀라_ 일본 유학준비생을 위한 조언
저자 최단시간일본어연구회 / 19,500

385 투자선호국 1위 베트남 진출 최대수혜주 기업과 이슈 모르면 주식 대박 힘들다
저자 서울공대OB주식연구회 / 19,500

386 폴더블 스마트폰 관련 기업 취업을 위해 꼭 알아야 할 용어와 이슈
저자 비피기술거래 / 19,500

387 이차전지 최대수혜주 5개 기업과 이슈 모르면 주식 대박 힘들다
저자 서울공대OB주식연구회 / 19,500

388 OLED 디스플레이 최대수혜주 7개 기업과 이슈 모르면 주식 대박 힘들다
저자 서울공대OB주식연구회 / 19,500

389 고령사회 실버산업 관련 기업 취업을 위해 꼭 알아야 할 용어와 이슈
저자 비피기술거래 / 19,500

390 자동화시대 정보보안산업 최대수혜주 6개 기업과 이슈 모르면 주식 대박 힘들다
저자 서울공대OB주식연구회 / 19,500

391 신참법조인(변호사, 법무사, 행정사)이 개업 전 전문서적 읽고 정보 습득하는 법
저자 법조연구회 / 19,500

392 급변하는 새로운 금융플랫폼 관련 기업 취업을 위해 알아야 할 용어와 이슈
저자 비피기술거래 / 19,500

393 인플루언서 마케팅 관련 핫 키워드와 이슈 모르면 주식 대박 힘들다
저자 서울공대OB주식연구회 / 19,500

394 비법예문 500가지로 수능 일본어 단어 2달 안에 다 외우기
저자 최단시간일본어연구회 / 19,500

395 2020년 대세 멀티카메라 최대수혜주 5개 기업과 이슈 모르면 주식 대박 힘들다
저자 서울공대OB주식연구회 / 19,500

396 행정사 시험의 시작부터 합격 후의 모든 것 Q_A 가이드
저자 법조연구회 / 19,500

397 신참법조인(변호사, 법무사, 행정사)을 위한 바이오 분야 이슈 및 용어 필독서
저자 법조연구회 / 19,500

398 법조인(변호사, 법무사, 행정사)이 강의 할 때 실수하는 32가지 사례 분석
저자 법조연구회 / 19,500

399 법조인(변호사, 법무사, 행정사)의 영업 전략
저자 법조연구회 / 19,500

400 미세먼지 재난 최대수혜주 6개 기업과 이슈 모르면 주식 대박 힘들다
저자 서울공대OB주식연구회 / 19,500

BP Book List

#	제목 / 저자 / 가격
401	어때요 재수삼수로 의대 들어가기 (20년 3월판) / 저자 의대입시연구회 / 19,500
402	베트남 진출 기업 취업을 위해 꼭 알아야 할 용어와 이슈 / 저자 비피기술거래 / 19,500
403	발포제 산업 최대수혜주 5개 기업과 이슈 모르면 주식 대박 힘들다 / 저자 서울공대OB주식연구회 / 19,500
404	화장품 산업 최대수혜주 4개 기업과 이슈 모르면 주식 대박 힘들다 / 저자 비피기술거래 / 19,500
405	법조인이 알아야 할 요기요 같은 배달배송업의 실태와 미래성 / 저자 법조연구회 / 19,500
406	한한령 해제 최대수혜주 5개 기업과 이슈 모르면 주식 대박 힘들다 / 저자 서울공대OB주식연구회 / 19,500
407	다문화 가족이 꼭 알고 있어야 손해 보지 않는 노동법 / 저자 법조연구회 / 19,500
408	재수삼수로 의대가기_ 수학도 결국 외운 것만 실력을 발휘한다 / 저자 의대입시연구회 / 19,500
409	차세대 디스플레이 관련 기업 취업을 위해 꼭 알아야 할 용어와 이슈 / 저자 비피기술거래 / 19,500
410	재수삼수로 의대가기_ 수학도 결국 외운 것만 실력을 발휘한다 / 저자 의대입시연구회 / 19,500
411	담배소매인 지정을 준비하는 사장님들이 꼭 알고 있어야 할 담배사업법 / 저자 법조연구회 / 19,500
412	신종 코로나바이러스 최대수혜주 6개 기업과 이슈 모르면 주식 대박 힘들다 / 저자 서울공대OB주식연구회 / 19,500
413	영업이 힘든 법조인을 위한 심리 위안서_ 그래도 법조인이 제일 낫다 / 저자 법조연구회 / 19,500
414	정보보안산업 관련 기업 취업을 위해 꼭 알아야 할 용어와 이슈 / 저자 비피기술거래 / 19,500
415	에너지 산업과 이차전지 관련 기업 취업을 위해 꼭 알아야 할 용어와 이슈 / 저자 비피기술거래 / 19,500
416	수제초콜릿 사업과 부업에 대한 가이드 / 저자 경제경영연구회 / 19,500
417	멀티카메라 관련 기업 취업을 위해 알아야 할 용어와 이슈 / 저자 비피기술거래 / 19,500
418	트렌디 마케팅 관련 기업 취업을 위해 꼭 알아야 할 용어와 이슈 / 저자 비피기술거래 / 19,500
419	어설퍼도 소설책이 될 만한 이북과 웹소설 빨리 쓰기 노하우 / 저자 컨텐츠연구회 / 19,500
420	셰일가스(Shale Gas) 최대수혜주 5개 기업과 이슈 모르면 주식 대박 힘들다 / 저자 서울공대OB주식연구회 / 19,500
421	1급 발암물질 미세먼지 관련 기업 취업을 위해 꼭 알아야 할 용어와 이슈 / 저자 비피기술거래 / 19,500
422	MLCC 최대수혜주 5개 기업과 이슈 모르면 주식 대박 힘들다 / 저자 서울공대OB주식연구회 / 19,500
423	기초산업소재 발포제 관련 기업 취업을 위해 꼭 알아야 할 용어와 이슈 / 저자 비피기술거래 / 19,500
424	코로나19 백신 개발 최대수혜주 5개 기업과 이슈 모르면 주식 대박 힘들다 / 저자 서울공대OB주식연구회 / 19,500
425	K뷰티 화장품 산업 관련 기업 취업을 위해 꼭 알아야 할 용어와 이슈 / 저자 비피기술거래 / 19,500
426	탁구장 사업의 전망과 개업을 위한 사업계획 가이드 / 저자 경제경영연구회 / 19,500
427	대중 수출 회복 관련 기업 취업을 위해 꼭 알아야 할 용어와 이슈 / 저자 비피기술거래 / 19,500
428	동호인 테니스 승리의 절대 정신 조건_ 집중력 / 저자 박기혁 / 19,500
429	코로나19 확산이 반도체 산업에 미치는 영향 및 고찰 / 저자 비피기술거래 / 19,500
430	코로나19 관련 기업 취업을 위해 꼭 알아야 할 용어와 이슈 / 저자 비피기술거래 / 19,500
431	개업 세무사의 경영판단 훈련_ 거절이나 승낙하기 애매한 제안에 대한 대처법 / 저자 세무업연구회 / 19,500
432	금융위기, 리츠(REITs) 최대수혜주 5개 기업과 이슈 모르면 주식 대박 힘들다 / 저자 서울공대OB주식연구회 / 19,500
433	사용후핵연료 처리기술 연구개발 동향 / 저자 비피기술거래 / 60,000
434	공실 상가주를 위한 해법_ 깔세, 임시세로 공실 해소하기 / 저자 경제경영연구회 / 19,500
435	코로나19 확산이 정유업계에 미치는 영향 및 고찰 / 저자 비피기술거래 / 19,500
436	BP와 함께 하는 에너지소비효율등급표시제도 가이드 / 저자 비피기술거래 / 25,000
437	코로나19 백신 관련 기업 취업을 위해 꼭 알아야 할 용어와 이슈 / 저자 비피기술거래 / 19,500
438	BP와 함께 하는 친환경농수산물 인증 취득 가이드 / 저자 비피기술거래 / 25,000
439	행정사와 경영지도사를 위한 BP와 함께 인증사업으로 수익 올리기 / 저자 비피기술거래 / 19,500
440	BP와 함께 하는 지능형건축물 인증 취득 가이드 / 저자 비피기술거래 / 25,000
441	BP와 함께 하는 품질경쟁력 우수기업 인증 취득 가이드 / 저자 비피기술거래 / 25,000
442	BP와 함께 하는 GR마크(우수재활용제품인증마크) 취득 가이드 / 저자 비피기술거래 / 25,000
443	BP와 함께 하는 위생안전기준 인증 취득 가이드 / 저자 비피기술거래 / 25,000
444	리츠(REITs) 관련 기업 취업을 위해 꼭 알아야 할 용어와 이슈 / 저자 비피기술거래 / 19,500
445	행정사, 경영, 기술지도사 실무를 위한 저공해자동차 인증 취득 가이드 / 저자 한국기술인증협회 / 25,000
446	행정사, 경영, 기술지도사 실무를 위한 방재신기술 인증 취득 가이드 / 저자 한국기술인증협회 / 25,000
447	행정 정책 공무원이 알아야 할 코로나 후 사회의 변화 모습과 대책 / 저자 비피기술거래 / 19,500
448	행정사, 경영, 기술지도사 실무를 위한 1등급 의료기기 인증 취득 가이드 / 저자 한국기술인증협회 / 25,000
449	행정사, 경영, 기술지도사 실무를 위한 전통식품품질 인증 취득 가이드 / 저자 한국기술인증협회 / 25,000
450	학원강사와 은퇴자들이여 인증관리사로 제2의 인생을 살아라 / 저자 한국기술인증협회 / 19,500

BP Book List

451 관세사의 영업 전략_ 인증대행 세미나와 네트워크
저자 한국기술인증협회 / 19,500

452 행정사, 경영, 기술지도사 실무를 위한 웹 접근성 품질인증 취득 가이드
저자 한국기술인증협회 / 25,000

453 행정사, 경영, 기술지도사 실무를 위한 소프트웨어(프로세스)품질인증 취득 가이드
저자 한국기술인증협회 / 25,000

454 동호인 테니스 허리, 무릎 다치지 않고 오래 치게 관리하는 법
저자 박기혁 / 19,500

455 경영, 기술지도사, 행정사 실무를 위한 유기가공식품 인증 취득 가이드
저자 한국기술인증협회 / 25,000

456 4050 여성 다이어트 비법_ 음식 안 남기고 다 먹으려는 생각을 버려라
저자 비피생활문화연구소 / 19,500

457 경영, 기술지도사, 행정사 실무를 위한 농산물우수관리(GAP)인증 취득 가이드
저자 한국기술인증협회 / 25,000

458 상가 공실 임대주를 위한 코로나 후 변화한 사회에 대한 대응책
저자 비피기술거래 / 19,500

459 아무 주식이나 사도 오르던 20년 5월의 증시와 경제 의미 분석
저자 증권투자법조인클럽 / 19,500

460 경영, 기술지도사, 행정사 실무를 위한 어린이제품안전인증 취득 가이드
저자 한국기술인증협회 / 25,000

461 경영, 기술지도사, 행정사 실무를 위한 HACCP 인증 취득 가이드
저자 한국기술인증협회 / 25,000

462 화장품 사업자를 위한 포스트 코로나 시대에서 살아남는 법
저자 비피기술거래 / 19,500

463 경영, 기술지도사, 행정사 실무를 위한 환경성적표지(EPD)인증 취득 가이드
저자 한국기술인증협회 / 25,000

464 포스트 코로나 시대에 유튜버와 컨텐츠 사업자가 나아갈 길은 어디인가
저자 비피기술거래 / 19,500

465 경영, 기술지도사, 행정사 실무를 위한 LOHAS 인증 취득 가이드
저자 한국기술인증협회 / 25,000

466 포스트 코로나 시대 반도체 관련 기업 취업을 위한 용어와 이슈
저자 비피기술거래 / 19,500

467 경영지도사, 행정사 실무를 위한 녹색기업 지정제도 가이드
저자 한국기술인증협회 / 25,000

468 코로나19 이후 정유업계 기업 취업을 위한 용어와 이슈
저자 비피기술거래 / 19,500

469 기술지도사, 행정사 실무를 위한 정보보호제품 평가인증 취득 가이드
저자 한국기술인증협회 / 25,000

470 이공학엔지니어를 위한 다이어트_ 자기보상을 확실히 해줘라
저자 비피생활문화연구소 / 19,500

471 회생위원이 감수한 알기 쉬운 개인회생·파산
저자 변호사 김민규·김미현 / 19,500

472 경영지도사, 행정사 실무를 위한 환경교육프로그램 지정제도 가이드
저자 한국기술인증협회 / 25,000

473 기술지도사, 행정사 실무를 위한 녹색인증 취득 가이드
저자 한국기술인증협회 / 25,000

474 경영지도사, 행정사 실무를 위한 KS인증 취득 가이드
저자 한국기술인증협회 / 25,000

475 기술지도사, 행정사 실무를 위한 녹색건축 인증 취득 가이드
저자 한국기술인증협회 / 25,000

476 경영지도사, 행정사 실무를 위한 건축물 에너지효율등급인증 취득 가이드
저자 한국기술인증협회 / 25,000

477 기술지도사, 행정사 실무를 위한 토종가축 인정제도 가이드
저자 한국기술인증협회 / 25,000

478 경영지도사, 행정사 실무를 위한 우수물류기업 인증 취득 가이드
저자 한국기술인증협회 / 25,000

479 예비탐정(민간조사자)이 개업을 준비할 때 알아야 할 필수팁 모음집
저자 탐정업연구회 / 19,500

480 기술지도사, 행정사 실무를 위한 동물복지축산농장인증 취득 가이드
저자 한국기술인증협회 / 25,000

481 소방설비기사(기계분야) 하루라도 먼저 붙게 하는 암기책
저자 소방수험연구회 / 19,500

482 경영지도사, 행정사 실무를 위한 드론인증 취득 가이드
저자 한국기술인증협회 / 25,000

483 주택관리사 시설개론 하루라도 빨리 붙게 하는 비법책
저자 주택관리사시험연구회 / 19,500

484 기술지도사, 행정사 실무를 위한 수산물품질인증 취득 가이드
저자 한국기술인증협회 / 25,000

485 경영지도사, 행정사 실무를 위한 수산물 지리적표시제도 가이드
저자 한국기술인증협회 / 25,000

486 행정공무원, 의원보좌관이 알아야 할 이슈_ 공매도 행동주의 회사들과 니콜라 주식
저자 행정정책연구회 / 19,500

487 정책 및 지방공무원이 알아야 할 수소차와 수소경제 이야기
저자 행정정책연구회 / 19,500

488 증권투자자가 알면 좋을 포스트 코로나 시대의 삶과 백신 개발의 선두주자
저자 증권투자연구회 / 19,500

489 정책 지방공무원이 알아야 할 바이든 당선과 트럼프 패배가 가지는 의미
저자 행정정책연구회 / 19,500

490 일론머스크의 명언과 삶 그리고 약간의 프랑스어
저자 비피기술거래 / 19,500

491 동호인 테니스 공격적 결정발리의 핵_ 어깨가 들어가는 발리
저자 박기혁 / 19,500

492 맞춤형 화장품 조제관리사 교과서 술술 읽히고 암기되게 하는 책
저자 자격증수험연구회 / 19,500

493 은퇴자가 강의 스트레스 없이 완벽한 강의하는 법
저자 비피기술거래 / 19,500

494 전달력이 좋은 유튜브 강의법과 2차 수익모델 기부 받는 유튜브 이야기
저자 박강사 / 19,500

495 가솔린차에서 전기차로의 대전환과 관련한 부품회사 직원 교육법
저자 기술튜터토니 / 19,500

496 특성화고 강사 교사가 모터를 재미있게 잘 강의하는 법
저자 기술튜터토니 / 19,500

497 반도체 지식이 부족한 반도체 관련 회사 일반직원을 교육시키는 법
저자 기술튜터토니 / 19,500

498 섬유공학 패션의류 교강사가 강의를 효율적으로 재미있게 하는 법
저자 기술튜터토니 / 19,500

499 회사원이나 공무원이 행정사 1차 객관식 시험 합격하는 방법
저자 행정사시험연구회 / 19,500

500 공부시간이 부족한 기술고시 수험생을 위한 필승합격법
저자 기술고시수험연구회 / 19,500

501 셀트리온 그룹 주식 매수 전 알아야 할 용어와 이슈
저자 비피기술거래 / 19,500

502 제약 바이오산업 최대수혜주 기업과 이슈 동향 분석
저자 서울공대OB주식연구회 / 19,500

503 글로벌 친환경 정책 및 산업별 동향 분석
저자 비피기술거래 / 19,500

504 삼성전자 핫 키워드와 이슈 모르면 주식 대박 힘들다
저자 서울공대OB주식연구회 / 19,500

505 수소연료전지 시스템 구성에 필요한 BOP
저자 비피기술거래 / 60,000

506 반도체 핵심 삼성전자 취업을 위해 꼭 알아야 할 용어와 이슈
저자 비피기술거래 / 19,500

507 바이오 핵심 셀트리온 그룹 취업을 위해 꼭 알아야 할 용어와 이슈
저자 비피기술거래 / 19,500

508 IT 게임업계 임직원을 위한 다이어트_ 심리학적 전략을 세워라
저자 비피생활문화연구소 / 19,500

509 감정평가사 합격 후 해야 할 일_ 전문서적 읽기와 영업론 파악
저자 감평사실무연구회 / 19,500

510 포스트 코로나 시대에 필요한 비대면 강의법
저자 비피기술거래 / 19,500

511 행정 정책 공무원이 알면 좋을 배달배송업의 현황과 미래
저자 비피기술거래 / 19,500

512 기술 행정 정책 공무원을 위한 반도체 관련 용어와 유래
저자 비피기술거래 / 19,500

513 가스기능사 필기시험 교과서 쉽고 빠르게 읽을 수 있는 법
저자 비피기술거래 / 19,500

514 의료인이 포스트 코로나 시대를 대비하여 알아야 할 사회 트렌드
저자 비피기술거래 / 19,500

515 동호인 탁구 관절 건강 지키며 즐겁게 오래 치는 법
저자 박기혁 / 19,500

516 취업난 속 인문대 졸업생에게 작사가를 추천하는 이유와 진입 가이드
저자 비피생활문화연구소 / 19,500

517 행정 정책 공무원이 알아둘 코로나로 인한 사회 변화와 코로나 백신
저자 비피기술거래 / 19,500

518 출판업 창업자를 위한 종이책과 이북 전자책에 대한 시장 분석과 가이드
저자 비피기술거래 / 19,500

519 자동차 관련 회사 임직원이 알면 좋을 미래에너지 수소와 수소차
저자 비피기술거래 / 19,500

520 상가 임대사업주의 공실 해결법_ 간판과 임시세 적극 활용하기
저자 비피기술거래 / 19,500

521 종교지도자가 숙지하면 좋을 코로나 후 우리 삶의 변화와 고찰
저자 비피기술거래 / 19,500

522 해외 주식 투자자는 이것을 알아야 한다_ 행동주의 공매도와 사례들
저자 서울공대OB주식연구회 / 19,500

523 의료인이 강의할 때 실수하는 사례 모음 및 강의 잘하는 법
저자 비피기술거래 / 19,500

524 신참법조인이 B급 전략을 안다면 개업에 성공할 수 있다
저자 법조연구회 / 19,500

525 담배소매업 개업 및 겸업 가이드와 Q_A
저자 비피기술거래 / 19,500

526 은퇴자가 증권투자를 해야 하는 이유 제시와 조언
저자 서울공대OB주식연구회 / 19,500

527 행정사 실무를 위한 전기용품 및 생활용품 안전관리법과 제도
저자 한국기술인증협회 / 25,000

528 공인중개사시험 의욕 부족한 사람 동기부여하여 합격하는 법
저자 자격증수험연구회 / 19,500

529 행정사 실무를 위한 환경측정기기 형식승인 정도검사 제도
저자 한국기술인증협회 / 25,000

530 골프 유망주가 무기력증과 우울감을 극복하여 성과 내게 도움주는 책
저자 비피교육연구소 / 19,500

531 국가과제 평가위원 활동 능숙하게 하는 법
저자 국가과제평가연구회 / 19,500